Mein
Graupapagei

Name: _____

Foto

Alter: _____ Geschlecht: _____

Erworben von: _____

_____

am: _____ Gewicht: _____ Ringnummer: _____

Besondere Merkmale: _____

_____

Hinweise zur Pflege für die »Urlaubsvertretung«

Fütterungsplan: **Medikamente:**   **Sonstiges:**

Fütterungsplan:	Medikamente:	Sonstiges:
_____	_____	_____
_____	_____	_____
_____	_____	_____
_____	_____	_____
_____	_____	_____
_____	_____	_____
_____	_____	_____

Anschrift des nächsten Tierarztes: _____

Telefonnummer: _____

Helmut Pinter

Unser Graupapagei

Anschaffung · Pflege · Richtig füttern
Freundschaft schließen

Kosmos
Gesellschaft der Naturfreunde
Franckh'sche Verlagshandlung
Stuttgart

Mit 11 Farbfotos von H. Reinhard (3), S. Norberg und A. Hansson (3), B. Kahl (2), T. Brossert (1) und H. Jesse (2) und 31 Schwarzweißzeichnungen von M. Golte-Bechtle (25) und W. Weiß (6) nach Vorlagen des Verfassers

Holländische Ausgabe: W. J. Thieme & Cie., Zutphen/Niederlande
Amerikanische Ausgabe: T. F. H. Publications, Inc., Neptune/USA

CIP-Kurztitelaufnahme
der Deutschen Bibliothek

Pinter, Helmut:
Unser Graupapagei : Anschaffung, Pflege, richtig füttern,
Freundschaft schliessen / Helmut Pinter. – 2. Aufl. – Stuttgart:
Franckh, 1988
  ISBN 3-440-05552-3

2. Auflage 1988
© 1985, Franckh-Kosmos Verlags-GmbH & Co., Stuttgart
Alle Rechte vorbehalten
Printed in Germany / Imprimé en Allemagne
LH 14 gb
ISBN 3-440-05552-3
Satz: Fotosatz Stephan, Stuttgart
Herstellung: Huber KG, Dießen

Umschlag von Ulrich Kolb unter Verwendung zweier Farbfotos von H. Reinhard.
Das Bild auf der Vorderseite zeigt das Porträt eines erwachsenen Graupapageis, das auf der Rückseite einen jungen afrikanischen Graupapagei *(Psittacus erithacus)*.

Alle Angaben in diesem Buch sind sorgfältig geprüft und geben den neuesten Wissensstand bei der Veröffentlichung wieder. Da sich das Wissen aber laufend weiterentwickelt und vergrößert, muß jeder Anwender prüfen, ob die Angaben nicht durch neuere Erkenntnisse überholt sind. Dazu muß er zum Beispiel bei Behandlungsvorschlägen den Tierarzt konsultieren, Beipackzettel zu Medikamenten lesen, Gebrauchsanweisungen und Gesetze beachten.
Bitte beachten Sie, daß aufgrund der Verordnung (EWG) Nr. 3626/82 für alle Graupapageien eine amtliche CITES-Bescheinigung erforderlich ist, die Ihnen beim Kauf ausgehändigt werden muß.
Aufgrund der Bundesartenschutzverordnung sind Sie verpflichtet, das Tier bei der Naturschutzbehörde anzumelden (nähere Auskünfte über die erforderlichen Angaben und die für Ihren Wohnsitz zuständige Behörde kann Ihnen Ihr Zoofachhändler oder ein ortsansässiger Vogelverein geben.
Gemäß der Psittacoseverordnung müssen alle Krummschnäbel, zu denen auch die Graupapageien gehören, einen amtlichen Fußring tragen. Die Nummer dieses Fußringes sollte in der CITES-Bescheinigung vermerkt sein.

Unser Graupapagei

Beschreibung der Gattung

Eine der ältesten Beschreibungen des Graupapageis in einem Tierbuch stammt von dem Schweizer Naturforscher Konrad Gesner (1516 — 1565): »Ich hab auch eynen der am gantzen Leib aschenfarb oder lichtblaue ist, ohn am Schwanz hat er allein rothe Federn, umb die Augen ist er weiss.« Heute kennt man von der Gattung Graupapagei *(Psittacus)* eine Art *(Psittacus erithacus Linné 1758)* mit 2 Unterarten:

1. Graupapagei, Nominatform *(Psittacus erithacus erithacus* Linné, 1758)

Länge 32 — 37 cm. Schwingenlänge 22 — 25 cm. Schwanzlänge 8,5 — 9,5 cm. Vergleicht man die Maße von Körperlänge und Schwingenlänge bei einer größeren Anzahl von geschlechtsbestimmten Exemplaren, läßt sich statistisch eine etwas größere Körper- und Schwingenlänge bei den Männchen ermitteln. Die Unterschiede sind jedoch so geringfügig, daß sie als Geschlechtsmerkmale wertlos sind.

Grundfärbung schiefer- bis hellgrau. Federn an Hals und Kopf weißgrau, meist mit dunklen Säumen. Die unbefiederte Wachshaut an der Schnabelwurzel und der federlose Augenring sind weißgrau. Bürzelfedern deutlich heller grau als die Rückenfedern. Schwanzfedern leuchtend rot. Schnabel schwarz. Beine grau. Die Augeniris ist beim Jungvogel bis etwa zum 5. — 7. Lebensmonat schwarzgrau und verfärbt sich dann nach und nach in hellgrau. Erst im Laufe der darauffolgenden 2 — 3 Jahre nimmt die Iris ihre endgültige Färbung an. Diese ist immer hell, kann aber im Ton verschieden sein. Meist ist sie hellgelblich-weiß. Es gibt aber auch Vögel mit weißgrauer Iris ohne jede Gelbtönung.

Jungvögel haben vor ihrem ersten Federwechsel ein dunkleres Gefieder mit einem leicht braungrauen Farbton.

2. Timneh-Graupapagei *(Psittacus erithacus timneh* Fraser, 1844)

Länge 30 — 32 cm. Schwingenlänge 20 — 22,5 cm. Schwanzlänge 8 — 9 cm. Die Färbung des Gefieders ist am ganzen Körper, einschließlich der Schwingen, dunkelgrau. An den verschiedenen Körperteilen sind aber dieselben Farbabstufungen wie bei der Nominatform feststellbar. Die Federn haben in der Regel lediglich an Brust und Bauch gut erkennbare Federsäume. Schwanzfedern braunrot bis dunkelweinrot. Bei Jungvögeln mehr braungrau. Oberschnabel an der Wurzel rosafarben, zur Spitze hin dunkler. Färbung bzw. Farbunterschiede der Augeniris bei jungen und älteren Vögeln wie bei der Nominatform. Der Timneh-Graupapagei ist auf S. 36 (unten) abgebildet.

Verbreitungsgebiet der Nominatform (Psittacus e. erithacus)

Verbreitungsgebiet des Timneh-Graupapageis (Psittacus e. timneh)

Geographische Verbreitung, Unterarten und Varietäten

Die Heimat des Graupapageis ist das tropische Afrika, etwa von Sierra Leone und Guinea im Westen bis Uganda, dem nordwestlichen Tansania und dem südwestlichen Kenia im Osten. Im Norden reicht das Verbreitungsgebiet der Vögel etwa bis zum 10. Breitengrad. Obwohl der Graupapagei nur zwei Unterarten (Rassen) besitzt, ist der große Lebensraum von vielen unterschiedlichen Farbnuancen und Größen bevölkert. Vögel, die aus dem Regenwald oder aus höheren Lagen stammen, weisen ein dunkleres Gefieder auf als solche aus Savannen und Kulturlandschaften. Man nimmt deshalb an, daß die Farbspielarten zum Teil durch klimatische Verhältnisse und Ernährungsverhältnisse bedingt sind. Bei einem gefangenen Tier kann es auch vorkommen, daß sich die Grundfärbung im Laufe der Jahre verändert, z.B. daß ursprünglich helle Vögel dunkler werden oder umgekehrt.

Die Unterart des Timneh-Graupapageis *(Psittacus erithacus timneh* Fraser, 1844) läßt sich durch zwei typische Merkmale leicht von der Nominatform unterscheiden. Während beim »normalen« Graupapagei sowohl Ober- wie Unterschnabel schwarz sind, ist der Oberschnabel an der Wurzel beim Timneh-Graupapagei rotgrau bis rosafarben. Die Schwanzfedern der Nominatform sind leuchtend rot, die des Timneh-Graupapageis braunrot, außerdem kann dieser auch etwas kleiner und vom Gefieder her dunkler sein. Die Unterart *P. e. timneh* ist in ihrer Verbreitung auf das südliche Guinea, Sierra Leone und Liberia begrenzt und kommt hauptsächlich in Küstennähe vor. Die Bezeichnung »Timneh« geht auf den Namen »Timmani« einer dort seßhaften Bevölkerungsgruppe zurück.

Früher wurden auch die auf den Inseln Principé und Fernando Poo lebenden Graupapageien als eine besondere Unterart *(Psittacus erithacus princeps)* angesehen. Da sie sich nur wenig von den Papageien des Festlandes unterscheiden, gilt ihr Unterartstatus heute nicht mehr.

Eine besondere Abweichung ist der »Königsjako«, der jedoch keine »Rasse« oder »Lokalform« darstellt. Diese sogenannten Königsvögel (englisch Kingsbird) sind Graupapageien, die verstreut an Rumpf und Flügeln einzelne rötliche oder rote Federn haben. Auch Vögel mit größeren zusammenhängenden roten Federpartien am Bauch, an den Schenkeln oder auf dem Rücken kommen vor. Die roten Federn sind beständig, das heißt, sie werden beim Federwechsel wieder durch rote Federn ersetzt. Königsjakos sind jedoch äußerst selten und müssen entsprechend teuer bezahlt werden.

Wildlebende Graupapageien und ihre Lebensverhältnisse

Aus einem Bericht des Jahres 1872/73 von Dr. A. Reichenow geht hervor, daß die Graupapageien im vorigen Jahrhundert in Westafrika so zahlreich waren, daß man sie stellenweise als Landplage betrachtete. Reichenow schreibt: »Wohin man sich auch wendet, überall verfolgt einen das Geschrei der Jakos. Alte und junge Vögel bilden nach der Brutzeit Schwärme, die auf der Suche nach Nahrung und Nachtquartieren weit umherschweifen. Für die Nacht wählen sie als Ruheplatz die höchsten Bäume, auf denen sie sich jeden Abend versammeln. Die Anzahl der Vögel, die sich in einer großen Baumkrone niederlassen, kann mehrere hundert Tiere betragen. Am nächsten Morgen brechen sie unter ständigem Gezeter auf und ziehen laut krächzend und schreiend in das Landesinnere, um auf den Hochebenen die Maisfelder der Neger zu plündern. Während der Brutperiode, welche in die Regenmonate fällt, und zwar nördlich bzw. südlich des Äquators zu verschiedenen Zeiten, leben die Paare mehr oder weniger für sich in den Mangrovenwäldern der Küstenzone. Dort höhlen sie in Bäumen vorhandene Astlöcher mit Hilfe ihres kräftigen Schnabels zu passenden Nisthöhlen aus.«

So weit Reichenow, der in seinem Bericht noch vermerkt: »Den Flug der Graupapageien kann man wirklich als erbärmlich bezeichnen. Mit kurzen, schnellen Flügelschlägen streben sie in gerader Richtung ihrem Ziel entgegen. Dabei sehen sie so furchtsam aus, als ob sie ständig befürchteten herabzufallen.«

Schon früher war der Graupapagei innerhalb seines großen Verbreitungsgebietes an recht unterschiedliche Umweltbedingungen und klimatische Verhältnisse gewöhnt. Inzwischen wurde die Natur Afrikas über weite Gebiete schweren Eingriffen ausgesetzt. Raubbau an Regenwald, Brandrodungen, landwirtschaftliche Nutzbarmachung, Überweidung von Savannenland, Ölgewinnung usw. haben vielerorts das ursprüngliche Landschaftsbild verändert. Stellenweise sind daher die früher dort häufigen Graupapageien selten geworden oder sogar gänzlich verschwunden. Besonders an der Nordgrenze ihres Stammesgebietes, wo vor 40 — 50 Jahren Graupapageien allgemein vorkamen, dehnen sich heute Steppe und Wüste aus. Trotzdem ist auch heute noch diese Vogelart in etlichen Teilen ihres Lebensraumes keineswegs selten, wenn sie auch nicht mehr so häufig auftritt wie früher.

Wildlebende Graupapageien ernähren sich hauptsächlich von den verschiedensten Sämereien, Früchten und Beeren. Gruppenweise brechen sie von ihren Schlafbäumen auf und streifen auf der Suche nach Eßbarem, z.B. Feldern mit halbreifem Mais, umher. Ebenso beliebt sind auch die Früchte der Ölbäume und Nüsse.

Ob die Vögel in Freiheit auch Nahrung tierischer Herkunft zu sich nehmen, ist bisher nur unzureichend untersucht worden, aber wahrscheinlich. Beobachtungen bei ausgewachsenen Frischfängen haben nämlich gezeigt, daß diese Vögel tierische Kost in Form von rohen Eiern, kleinen Wirbeltieren (z.B. kleinen Eidechsen, nestjungen Mäusen u.ä.) keineswegs verschmähen, wenn sie sie erwischen.

Vom Urwald in die Zivilisation

In früheren Zeiten brachten Dampfer und Segelschiffe die Graupapageien von Westafrika nach Europa. Dabei hatten die »Segelschiffsvögel« trotz des wesentlich längeren Transports weitaus bessere Überlebenschancen als diejenigen Graupapageien, die in den stickigen Lasträumen der Dampfer eingeführt wurden. Zudem glaubte man Ende des 19. Jahrhunderts, daß man den Papageien auf der Reise kein Wasser anbieten dürfe. Die falsche Ernährung, die Unterbringung auf engstem, unbelüftetem Raum und der Kli-

mawechsel taten ein übriges, um die Sterblichkeit der gefangenen Tiere zu erhöhen.

Inzwischen gelangen die Krummschnäbel problemlos per Flugzeug in 20 — 30 Stunden nach Europa. Aber im Gegensatz zu früher ist ihre Beschaffung in den Ausfuhrländern heute oft bedeutend schwieriger, da sie vielerorts nicht mehr in den Mengen wie um die Jahrhundertwende vorkommen.

Nach ihrer Ankunft unterliegen Papageien in fast allen europäischen Ländern einer gesetzlich geregelten Quarantäne. Dabei müssen die Vögel in der Bundesrepublik Deutschland und in der Schweiz acht Wochen, in Österreich vier Wochen in speziellen Quarantäneräumen abgesondert werden. In dieser Zeit unterzieht man die eingeführten Papageien einer vorbeugenden Behandlung mit Tetracyclinen. Tetracycline sind Antibiotika, die eine gute Wirkung gegenüber den Erregern der sogenannten Papageienkrankheit (Psittakose oder Ornithose) haben.

Im Anschluß an die Quarantänehaltung bekommen die gesunden Tiere einen amtlichen Fußring, in den eine fortlaufende Nummer eingestanzt ist. Dieser gesetzlich vorgeschriebene Ring ist der Nachweis einer legalen Einfuhr und sollte daher ohne zwingenden Grund nicht entfernt werden.

Noch ein Wort zu den Kosten: Neben

dem im Ursprungsland heute recht hohen Einkaufspreis erheben einige afrikanische Länder außerdem besondere Ausfuhrabgaben für ihre Papageien. Bis der Krummschnabel bei uns in den Handel kommt, wird er mit bedeutenden Unkosten für Transport, Quarantäneunterbringung, Psittakoseprophylaxe und tierärztliche Kontrolle belastet. Stellt man alle diese Ausgaben in Rechnung, erklärt sich der hohe Verkaufspreis von selbst. Noch teurer sind natürlich schon länger eingewöhnte Vögel oder gar solche aus den bis heute seltenen europäischen Nachzuchten. Ein Graupapagei wird jedoch trotz seines Preises immer wieder Freunde finden.

Gesetzliche Vorschriften

1. Meldepflicht: Nach dem neuen Artenschutzgesetz vom 1. Juli 1987 müssen alle Tiere, die zu den besonders geschützten Arten gehören und sich in Ihrem Besitz befinden, bei der zuständigen Naturschutzbehörde (Regierungspräsidium) gemeldet werden. Zu diesen geschützten Tieren gehört auch der Graupapagei. Es müssen angegeben werden:

- Zahl der Tiere
- Art
- Alter
- Geschlecht
- Herkunft
- Standort
- Verwendungszweck
- Kennzeichen (Ringnummer)

Da Alter und Geschlecht beim Graupapagei nur schwer zu erkennen sind, kann man dort »unbekannt« ankreuzen.

2. Bestandsveränderungsanzeigepflicht: Wenn Sie mit Ihrem Papagei umziehen, das Tier stirbt oder Sie sich von diesem trennen müssen, sind Sie ebenfalls verpflichtet, dies bei der Behörde zu melden. Das gleiche gilt, wenn Sie einen neuen Papagei kaufen, geschenkt bekommen oder eigene Nachzuchten haben.

3. Vermarktungsgesetz: Sämtliche geschützten Tiere, also auch der Graupapagei, dürfen nur mit amtlicher Genehmigung gehandelt werden. Dies gilt auch für die eigene Nachzucht.

Überlegungen vor dem Kauf

Vor der Anschaffung eines Graupapageis sollte man sich unbedingt über die Lebensweise, Haltung und artgerechte Pflege dieses Vogels informieren!

Zeit — Geduld — Einfühlungsvermögen

Da Graupapageien von Natur aus äußerst gesellige Vögel sind, die in Gruppen oder zumindest paarweise zusammenleben, muß bei einzeln gehaltenen Vögeln der Mensch den Artgenossen ersetzen, d.h., der Besitzer eines Graupapageis muß viel Zeit, Geduld und Einfühlungsvermögen besitzen. Ein Graupapagei, der tagelang vollständig sich selbst überlassen bleibt, verkümmert vor Langeweile und Trauer, frißt nicht mehr, wird anfällig für Infektionskrankheiten oder rupft sich gar die Federn aus (Federrupfer).

Wenn man von vornherein weiß, daß man die notwendige Zeit für das Tier nicht aufbringen kann, sollte man — will man unbedingt einen Graupapagei halten — gleich ein Pärchen kaufen oder zumindest für einen Spielpartner sorgen. Dabei kann es sich um eine Amazone, einen kleineren Kakadu oder irgendeinen artfremden Papageien handeln. Wer hier zu wem paßt, sollte allerdings in der Praxis ausprobiert werden, da Graupapageien in der Regel Individualisten sind, von denen jeder seinen eigenen Kopf hat und jeder anders behandelt werden muß. Sprechen Sie mit Ihrem Zoohändler, vielleicht hat der Graupapagei, den Sie zu kaufen beabsichtigen, schon im Zoogeschäft einen »Partner« gefunden?

Eine Anschaffung fürs Leben

Daß Graupapageien 100 Jahre alt werden können, ist vielleicht etwas übertrieben, aber 50- und 60jährige, ja selbst 80jährige Graupapageien sind bekannt geworden. Man muß sich darüber im klaren sein, daß die Lebenserwartung eines jungen, gesunden Vogels durchaus ein Menschenalter betragen kann. Neben dem Graupapagei erreichen unter Papageien nur die größeren Kakadus ein ähnlich hohes Lebensalter.

Eine sichere Altersbestimmung ist bei Graupapageien nur bis zum Zeitpunkt der ersten Augenumfärbung, die zwischen dem 5. – 8. Lebensmonat erfolgt, möglich. Später lassen sich vom Fachmann vielleicht noch Vögel bis zum dritten Lebensjahr unterscheiden. Ob unser neuer Hausgenosse aber 5, 10 oder 15 Jahre alt ist, kann auch der Händler nicht wissen. Es kann jedoch davon ausgegangen werden, daß ganz junge Vögel, das heißt jünger als ein Jahr, bei den heute geltenden Einfuhrbestimmungen kaum noch in den Handel kommen. Ist ein bereits zutraulicher Jako sehr lebhaft und verspielt, handelt es sich sicher um ein jüngeres Tier. Da das Angebot an Graupapageien jedoch knapp und die Auswahl oft klein ist, muß man sich oft für ein schon älteres Tier entscheiden. Mit viel Zuwendung und Geduld läßt sich auch ein solcher Vogel recht gut eingewöhnen.

Wohin mit dem Untermieter?

Bevor Sie sich einen dieser munteren Krummschnäbel kaufen, machen Sie sich Gedanken über seine Unterbringung. Ist in der Wohnung Raum für einen hellen und zugfreien Käfigstandort, ruhig und doch mit Familienanschluß? Steht außerhalb des Käfigs genügend Freiraum zum Fliegen, Spazierengehen und Klettern zur Verfügung? Neben bzw. über dem Käfig sollte zu diesem Zweck ein Kletterbaum angebracht werden. Es wäre eine unzulässige Tierquälerei, ein so intelligentes und lebhaftes Tier wie einen Graupapagei ausschließlich in einem der im Handel üblichen Papageienkäfige unterzubringen. Denken Sie auch daran, daß Großpapageien weder stubenrein sind, noch es jemals werden und ständig Federn, Kot, Staub und Nahrungsreste um ihren Stammplatz herum verstreuen.

Kleine Gesundheits-checkliste

Der Kauf eines Papageis ist Vertrauenssache und kommt oft einer Lotterie gleich. Verschaffen Sie sich einen ersten Eindruck vom Allgemeinbefinden, von der Gesundheit und dem Temperament des in Frage kommenden Vogels, indem Sie ihn aus einiger Entfernung betrachten. Da die Beurteilung der psychischen Eigenschaften des Kandidaten schwer und oft sogar unmöglich ist, übereilen Sie nichts und nehmen Sie sich viel Zeit.

Tiere, die panisch ängstlich, geschwächt oder apathisch sind, sollte man nicht kaufen. Dagegen ist es völlig normal, daß neuimportierte Vögel, die gerade aus einer Quarantäne kommen, vor dem sich nähernden Menschen zurückweichen.

Will man die **allgemeine Körperverfassung** eines größeren Graupapageis beurteilen, kann man ihn wiegen. Gewogen wird der Vogel im Käfig und danach der Käfig ohne Vogel. Je nach Größe wiegen normal genährte Graupapageien zwischen 320 und 550 Gramm. Unter Berücksichtigung der Größe des Vogels darf auch ein sehr kleiner und zarter Graupapagei nicht weniger als 300 Gramm wiegen. Große und kräftige Vögel können 500 bis 550 Gramm und in Ausnahmefällen bis 600 Gramm wiegen.

Normalerweise ist die **Beschaffenheit des Gefieders** ein guter Indikator für den Allgemeinzustand Ihres Vogels. Bei Graupapageien, die direkt aus der Quarantäne kommen, ist das Federkleid jedoch häufig in Mitleidenschaft gezogen und sieht etwas zerrupft und gelichtet aus, was nichts zu bedeuten hat. Auf keinen Fall aber kaufe man einen Papagei, der stellenweise kahle Flecken, zum Beispiel am Hals oder auf der Brust hat. Es kann sich hierbei um einen Federfresser handeln. Ein alter Vogelgaunertrick ist es, einem gutgläubigen Kunden den Federfresser als erst teilweise befiederten Jungvogel anzudrehen, und Federfressen ist so gut wie nicht abzugewöhnen.

Bei neuimportierten Vögeln sind **Erkältungskrankheiten** häufig. Man achte daher darauf, daß die Nasenlöcher nicht verklebt sind und daß der Vogel nicht niest.

Kontrollieren Sie vor dem Kauf **Augen, Schnabel** und **Füße** des Kandidaten. Die Augenränder müssen sauber und frei von schorfartigen Ablagerungen sein und die Augen selbst klar und lebhaft. Ober- und Unterschnabel sollen ohne nennenswerten Zwischenraum aufeinanderliegen und von vorne betrachtet gerade sein.

Bei den Füßen können erhöhte Ränder

der Hornschilder auf einen Befall mit Krätzemilben (Fußkrätze) hindeuten. Vögel, die aufstehende Hornränder an den Füßen oder gar schorfartigen Belag auf Fuß- bzw. Zehenoberseite haben, sollte man von einem Tierarzt untersuchen lassen, bevor man sie erwirbt.

Achten Sie auf die Ausscheidungen des Vogels. Der **Kot** sollte von weicher Beschaffenheit sein, aber keineswegs flüssig oder gar schaumartig.

Zahmer Graupapagei umständehalber abzugeben...

Hat man Glück, so kann man vielleicht einen eingewöhnten Graupapagei aus Privathand erwerben, und hat man richtig Glück, so ist dem Verkäufer weniger am Preis gelegen als an der Gewißheit, daß der Vogel in gute Hände kommt. Von einem älteren Ehepaar wurde wegen veränderter Familienverhältnisse unserem Zoo ein gut sprechender Graupapagei geschenkt. Das Ehepaar besuchte seinen Vogel regelmäßig mindestens einmal in der Woche. Bei den Besuchern und beim Personal wurde der geschenkte Jako schnell beliebt. Der Vogel war nicht nur sanft und liebenswürdig in seinem Wesen, er sang und pfiff auch alle möglichen Trinklieder, die er dann zur Freude der Besucher immer mit einem markigen »prosit! prosit!« abschloß. Weiterhin ahmte er vorzüglich Stimme und Tonfall eines sehr beliebten Sportkommentators nach und kommentierte zur Freude der Besucher Fußballspiele und ähnliche Sportveranstaltungen. Nach einem regnerischen Tag mit nur wenigen Besuchern war Jako verschwunden. Das einfache Schloß der Voliere wurde offenbar mit einem Nachschlüssel geöffnet, und Jako war gestohlen. Den Pflegern war dieser Diebstahl äußerst peinlich, denn was sollte man den früheren Besitzern sagen, wenn sie kamen und nach ihrem Vogel fragten. Das Problem löste sich auf eine überraschende Weise, denn das betreffende Paar wurde niemals mehr im Zoo gesehen. Beim Personal reifte die Erkenntnis heran, daß es den Vogel wieder heimgeholt hatte. Nach einiger Überlegung kam man zu dem Schluß, diesem Diebstahl mildernde Umstände zuzubilligen und keine weiteren Schritte zu unternehmen.

Hereingelegt werden kann man natürlich auch bei einem Privatkauf. Mir ist ein Fall aus Schweden bekannt, wo unter Vorspiegelung veränderter Fami-

Kauf

lienumstände ein gut sprechender Graupapagei zu einem verhältnismäßig hohen Preis verkauft wurde. Dieser Vogel ahmte täuschend ähnlich das Geräusch der Sirene eines Brandwarners nach — und das in einem Lande, wo die meisten kleineren Häuser aus Holz gebaut werden . . .!

Überhaupt muß man beim Kauf eines sprechenden Vogels das Risiko mit in Kauf nehmen, daß in seinem Wortschatz auch Ausdrücke enthalten sein können, die man nicht zu hören wünscht. Dabei hängt das Sprach- und Nachahmungstalent der Graupapageien nicht vom Geschlecht ab. Es gibt Weibchen, die ausgezeichnete Spre-

cher sind — und Männchen, die nie ein menschliches Wort lernen. Können Sie Ihrem Krummschnabel auch Interesse und Zuwendung entgegenbringen, wenn er sich nicht zu einem großen Sprechtalent entwickelt?

Erkundigen Sie sich auch beim Vorbesitzer ihres Papageis, ob das Tier ein »Herren«- oder ein »Damenvogel« ist — bereits gut eingewöhnte Graupapageien zeigen sehr oft persönliche Sympathien bzw. Antipathien gegenüber einem bestimmten Geschlecht. Ein solcher Vogel kann zum Beispiel Frauen zärtlich lieben und Männer absolut nicht ausstehen — oder auch umgekehrt!

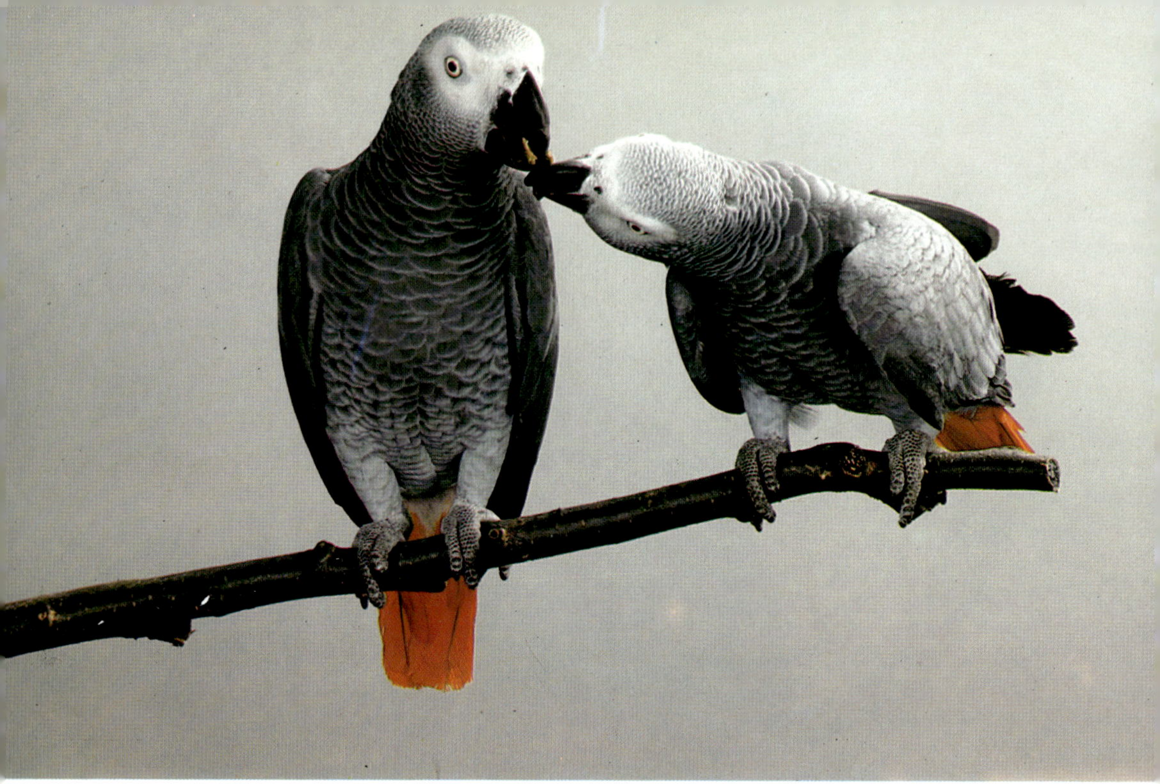

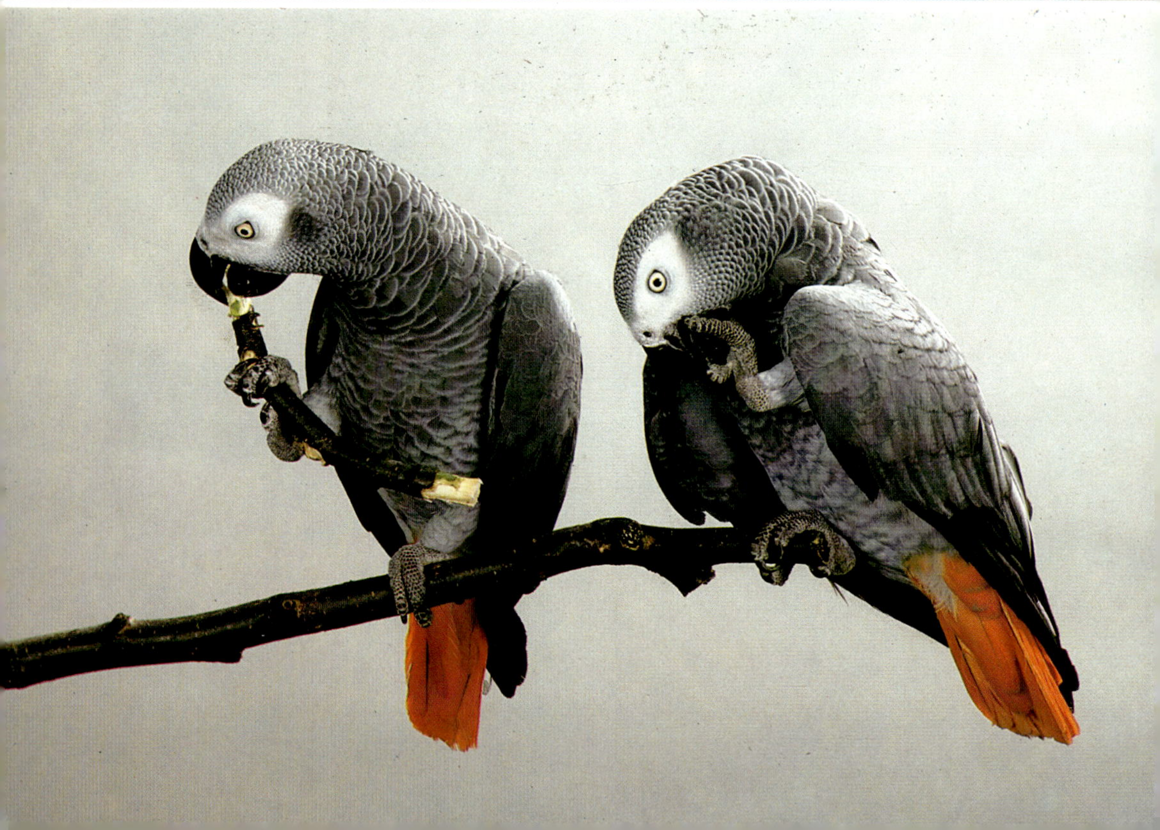

Unterbringung

Der richtige Papageienkäfig

Graupapageien können zu Hause im Käfig, in einer Zimmervoliere oder frei auf einem Kletterbaum gehalten werden. Die meisten handelsüblichen Käfige, die für Großpapageien angeboten werden, sind jedoch selbst für die Haltung eines Einzelvogels zu klein. Will man einen Graupapagei in einem solchen Käfig mit einer Bodenfläche von 50 x 50 cm und 60 cm Höhe halten, muß er diesen öfter verlassen können. Am einfachsten bringt man hierzu auf dem Käfig ein Klettergestell aus einigen kreuzweise angebrachten Sitzstangen an. Die Sitzstangen sollen dabei so dick sein, daß der Vogel sie mit seinem Fuß nur etwa zu zwei Drittel umspannen kann. Bei Sitzstangen mit zu geringem Durchmesser nutzen sich die Krallen zu wenig ab, und starker Krallenwuchs ist oft die Folge. Im Käfig und am Klettergestell sollte auch eine konische Sitzstange von 1,5 – 5 cm Durchmesser angebracht werden, um die in der freien Natur verschieden star-

ken Äste zu ersetzen. Die Möglichkeit, mal am dicken, mal am dünnen Ende zu sitzen, bietet dem Papagei Abwechslung beim Fußgriff und sorgt für eine gleichmäßige Beanspruchung der Beinmuskulatur. Bringen Sie alle Sitzstangen so an, daß von den oberen kein Kot auf die unteren herabfallen kann.

Im Käfiginneren haben sich 4 große, stabile und leicht herausnehmbare Futternäpfe aus Steingut oder besser Edelstahl als praktisch erwiesen. Auch sie sollten etwas erhöht angebracht sein, damit kein Kot hineingelangt.

Der untere Teil des Käfigs wird von einer starken Plastikwanne abgeschlossen, deren Boden man zweckmäßig mit Vogelsand bestreut. Über der Wanne ist oft ein Gitterrost angebracht, damit Kot und Nahrungsreste hindurchfallen. Da diese Gitter schnell verschmutzen und schlecht zu reinigen sind, ist es oft einfacher, sie zu entfernen und dafür öfter die Sandfüllung zu erneuern.

Ist kein größerer Gitterkäfig erhältlich, kann man ihn in vielen Fachgeschäften nach eigenen Wünschen anfertigen lassen. Wesentlich billiger sind jedoch Kastenkäfige, die man sich aus mit Resopal beschichteten Hartfaserplatten selber baut oder anfertigen läßt. Sauber verarbeitet hält dieses Material auch den Schnäbeln von Großpapa-

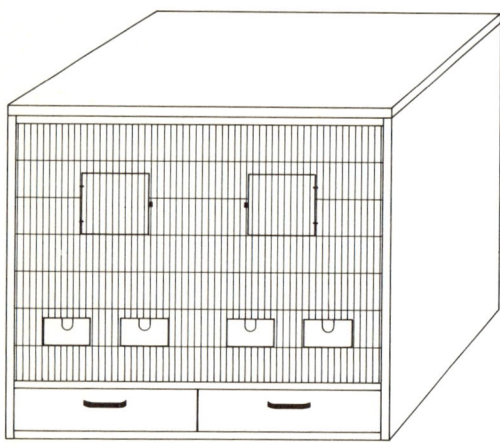

Vorschlag für einen selbstgebauten Papageien-käfig.

die Vögel hier leicht der Zugluft ausgesetzt sind. Vögel, die noch scheu und unsicher sind, fühlen sich überdies in einem Kastenkäfig sicherer. Besitzt man einen gewöhnlichen, allseitig offenen Gitterkäfig, so sollte man diesen möglichst nicht frei ins Zimmer stellen, sondern zumindest mit einer Seite gegen eine Wand oder in eine Zimmerecke. Zum Schutz der Tapeten und Wandflächen ist dünnes Weißblech oder auch eine Resopalscheibe hervorragend geeignet.

Verzierungen am Käfig mögen zwar nett aussehen, sind aber unpraktisch zu reinigen und können durch hervorstehende scharfe Kanten sogar zu Verletzungen führen. Runde Käfige sind für jede Art der Vogelhaltung ungeeignet! Graupapageien, die längere Zeit in runden Käfigen gehalten wurden, zeigen nicht selten psychische Störungen.

geien stand. Die gegen das Gitter an der Vorderseite liegenden Kanten müssen durch ein Winkelprofil aus Aluminium vor der Knabberlust des Hausgenossen geschützt werden. Das Gitter für die Vorderseite mit Türchen, Öffnungen für Futternäpfe und die Bodenschubladen läßt man nach Maß anfertigen. Die Bodenschublade erleichtert das Reinigen des Käfigs, wobei es bei größeren Käfigen sinnvoll ist, zwei Schubladen anzufertigen, da sich mit allzu großen Schubladen schlecht hantieren läßt.

Es ist davon abzuraten, einen allseitig offenen Drahtkäfig frei aufzustellen, da

Die Voliere

Für einen so aktiven und neugierigen Vogel wie den Graupapagei ist es besonders wichtig, daß er sich nach Herzenslust bewegen kann. Die räumliche Möglichkeit hierzu bietet eine Voliere, in der der Vogel seinem natürlichen Bewegungsdrang nachgehen kann, ohne

Unterbringung

zu entfliegen oder in der Wohnung größeren Schaden anzurichten.

Volieren sind große Flugkäfige, die entweder im Haus oder im Freien fest installiert werden. Alle Volieren sollten zumindest eine feste Seitenwand — oder noch besser zwei feste Seitenwände — zum Schutz vor Zugluft, Regen, Hitze und Kälte besitzen. Scheuen Vögeln geben feste Seitenwände ein gewisses Sicherheitsgefühl. Im Hause ist der beste Platz für eine Voliere eine Zimmerecke. Für den Eigenbau einer kleineren Zimmervoliere gibt es fertige Gitterrahmen in den Maßen 1 x 2 m — mit oder ohne Türchen — im Handel. Auch Volieren auf dem Balkon, im Hof oder Garten sollten nach Möglichkeit im Anschluß an eine feste Wand gebaut werden. Ist dies nicht möglich, sollte zumindest eine Seite — oder

Beispiel einer Innenvoliere im Wohnraum.

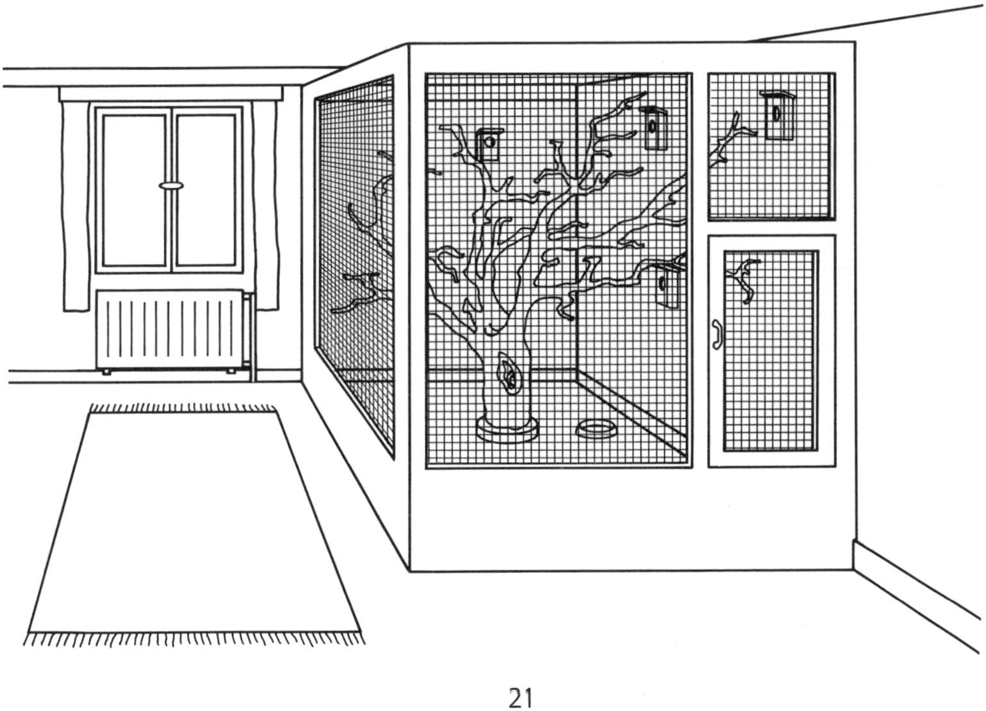

besser zwei — aus undurchsichtigem, windfestem Material bestehen. Flugkäfige im Freien werden entweder auf einer Betonplatte oder auf einem Fundament errichtet, welches mindestens einen Meter in den Boden reicht oder auf dem Felsuntergrund ruht. Dies schützt vor Ratten und Mäusen, die vom Papageienfutter angelockt werden, sowie vor anderen Raubtieren wie Füchsen, Dachsen, Iltissen usw., die in die Voliere eindringen könnten.

Alle Metallteile der tragenden Volierenkonstruktion und des Gitters müssen aus verzinktem rostfreiem Material bestehen. Für die tragende Konstruktion verwendet man entweder verzinkte Wasserleitungsrohre oder das etwas teurere Vierkantrohr. Zweckmäßig für das Gitter sind punktgeschweißte Drahtgeflechte mit einer Drahtstärke von 1,5 — 2 mm und 20 — 25 mm Maschenweite, welche mit kräftigem galvanisiertem Bindedraht am tragenden Gestell und miteinander befestigt werden. Kunststoffummantelte Drahtgeflechte sind ungeeignet, da der Kunststoff von den Vögeln zerbissen wird.

Die Türöffnung sollte gerade so groß sein, daß man durch sie die Voliere bequem betreten kann. Bei sehr großen Flugkäfigen und größerem Vogelbesatz sind Schleusentüren angebracht, so daß kein Vogel entweichen kann. Praktisch ist auch ein Netz vor der Türöffnung der Voliere, wobei man bei der Haltung einzelner Graupapageien diese Vorsichtsmaßnahmen nur selten benötigt. Will man ständig eine größere Anzahl von Graupapageien im Freien halten oder züchten, sollte die Voliere mit einem heizbaren Innenraum für die Vögel versehen werden.

Ganz wichtig ist, daß alle Türchen von Papageienkäfigen und Zimmervolieren sichere Schließvorrichtungen haben. Graupapageien macht es nämlich besonderen Spaß, Verschlüsse auch komplizierterer Art zu öffnen. Oft hilft da nur ein kleines Vorhängeschloß, um unseren Krummschnabel hinter Gittern zu halten.

Der Kletterbaum

Unerläßlich für das sportliche Training und die Knabberlust Ihres Hausgenossen ist ein Kletterbaum aus Hartholz. Findet er an Rinde und waagrechten Verästelungen genügend Anreiz zur Betätigung, wird das auch Ihre Möbel schonen. Da Graupapageien sehr lebhaft sind und leicht in Panik geraten, wenn man sie ankettet, setzt die Haltung des Vogels auf einem Kletter

baum voraus, daß ihm die Flügel geschnitten werden. Ein am Baum angebrachtes konisches Blech, das wie ein umgedrehter Trichter geformt sein sollte, hindert den Papagei daran, den Kletterbaum zu verlassen. Als Kletterbaum geeignet sind grobe Äste oder besser Baumwipfel von Buchen, Eschen, Eichen, Ahorn u.ä. Auch knorrige Föhrenwipfel lassen sich gut verwenden. Kombiniert man den Kletterbaum noch mit einem der handelsüblichen Drahtkäfige, so kann man den Vogel über Nacht oder wenn man ihn alleine lassen muß, einsperren. Wenn

Klettergestell und Kletterbaum.

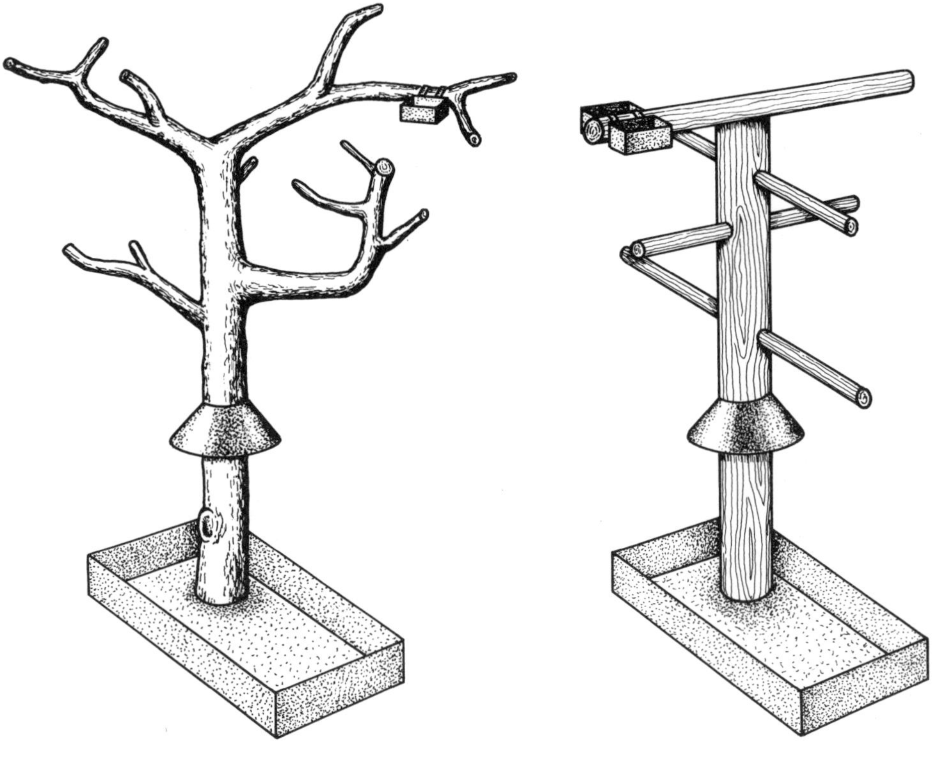

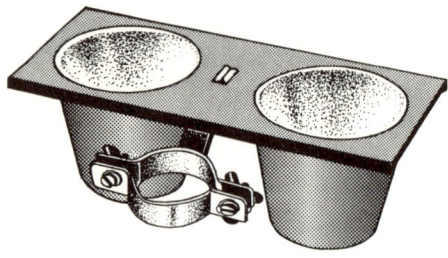

Haltevorrichtung für zwei Futternäpfe.

Befestigungsmöglichkeiten für den Kletterbaum.

der Jako einen bestimmten Leckerbissen nur im Käfig bekommt, ist es in der Regel kein Problem, den Vogel daran zu gewöhnen, auf Wunsch in den Käfig zu gehen.

An geeigneter Stelle des Kletterbaumes sollten die Futternäpfe angebracht werden. Da Hartplastik von den Vögeln zernagt wird und solche aus Steingut zerbrechen, wenn sie auf den Boden fallen, sind Futternäpfe aus Aluminium oder aus rostfreiem Stahl hier am besten geeignet.

Der Fuß eines Gartenschirmes, ein Christbaumständer oder ein mit Sand gefüllter Kübel sorgen dafür, daß der Kletterbaum nicht umfallen kann.

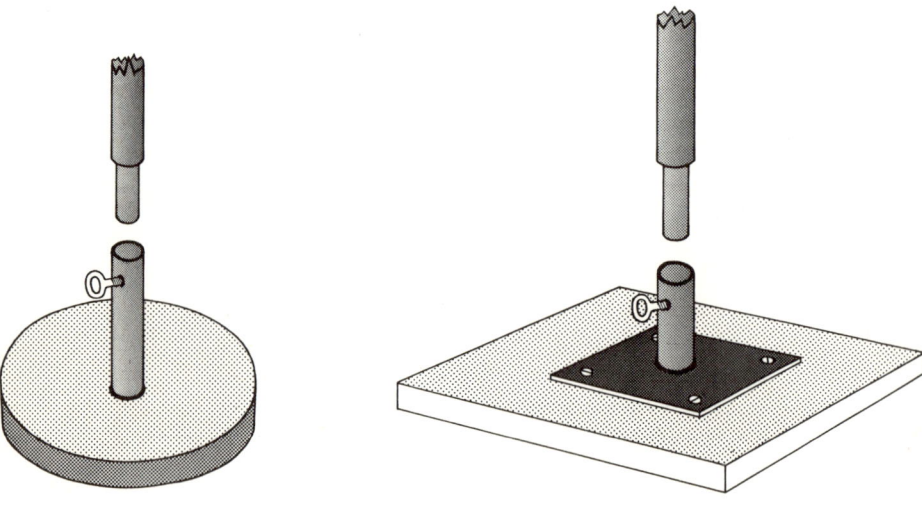

Kleine Futterkunde

Die Verdauungsorgane

Sieht man Großpapageien fressen, so begreift man, daß diese Vögel in erster Linie Körnerfresser sind. Ober- und Unterschnabel des Papageien bilden zusammen mit der kräftigen und mit Schwellkörpern versehenen Zunge eine perfekte Kombination zum Schälen und Enthülsen von Sämereien jeder Art. Ihre Mundhöhle enthält zahlreiche Speicheldrüsen, die einen Gleitschleim produzieren, mit Hilfe dessen die oft recht trocken aufgenommene Nahrung besser hinuntergeschluckt werden kann.

Über die kurze Speiseröhre gelangt die Nahrung in den Kropf (1). Dieser besteht bei Papageien aus zwei Kropfsäcken, von denen der linke bei der Nahrungsaufnahme immer zuerst ge-

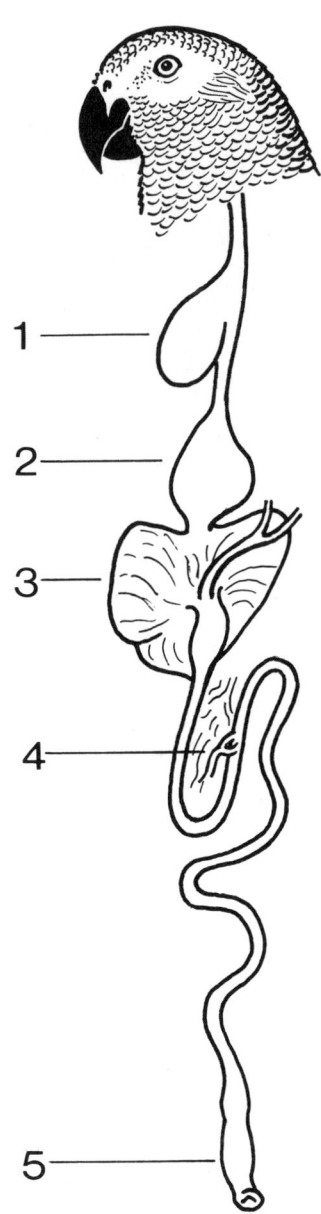

Die Verdauungsorgane des Graupapageis: Kropf (1); Drüsenmagen (2); Muskelmagen (3); Bauchspeicheldrüse (4); Kloake (5).

Richtig füttern

füllt wird. Erst wenn der linke Kropfsack voll ist, wird auch Nahrung in den rechten aufgenommen. Deshalb ist der Kropf oft auf der linken Seite besser erkennbar als auf der rechten.

Bei der Nahrungsverwertung ist der Kropf als erste Verdauungsstufe von größter Wichtigkeit. Auch bei leeren Mägen — Papageien haben derer zwei — verbleibt die aufgenommene Nahrung eine gewisse Zeit im Kropf. Dort wird die oft harte Körnernahrung mit Speichel und Trinkwasser vermischt und vorgequollen. Junge Vögel werden aus den Kröpfen ihrer Eltern mit vorverdauter Nahrung gefüttert.

Vom Kropf aus gelangt die Nahrung zunächst in den dünnwandigen Drüsenmagen (2). Dies ist ein dehnbarer Sack ohne nennenswerte Muskulatur, der auch als Nahrungsspeicher dienen kann. Seine Hauptaufgabe besteht jedoch in der Produktion der für den Verdauungsvorgang wichtigen Stoffe wie Pepsin, Salzsäure usw. Um die Magenschleimhäute vor Verätzungsschäden durch die Verdauungssäfte zu schützen, wird von den Drüsen des Drüsenmagens ein Schutzstoff produziert.

Die mit Verdauungsfermenten vermischte Nahrung wird vom Drüsenmagen in den Muskelmagen (3) transportiert. Dort zermahlen die aus zwei kräftigen Muskelpaaren bestehenden Magenwände die Körner. Mit der Nahrung aufgenommene Sand- und Gruskörner unterstützen die Arbeit des Muskelmagens. Der von den Muskeln entwickelte Druck im Muskelmagen ist so groß, daß selbst Nüsse ohne weiteres zerrieben werden.

Vom Ausgang des Muskelmagens — dem Pförtner — gelangt die so vorbereitete Nahrung schubweise in die Zwölffingerdarmschleife, wo weitere für die Verdauung wichtige Stoffe zugeführt werden. In diesem Darmabschnitt münden nämlich die Gallengänge und der Ausgang der Bauchspeicheldrüse (4). Eine Gallenblase ist bei Papageien nicht vorhanden.

Über die Darmschleimhaut werden der passierenden Nahrung die für den Organismus wichtigen Nährstoffe sowie Wasser entzogen. Ein weiterer Wasserentzug, verbunden mit der Eindikkung des Kotes, geschieht im Enddarm. Dieser mündet schließlich ebenso wie der Urin- und der Genitalausgang in die Kloake (5) ein.

[1] Fettsäuren, Öle, organische Säuren, Wachse, Sterine
[2] verdauliches Eiweiß sowie stickstoffhaltige Stoffe (Amide)
[3] in Sämereien überwiegend Stärke, in Früchten überwiegend Zucker
[4] Mineralstoffe und Spurenelemente

26

Das tägliche Brot

Als tägliches Brot benötigt der Graupapagei ein fett- und kohlehydratreiches Körnergemisch, das zu 60 — 70% aus fetthaltigen Sonnenblumenkernen und zu 30 — 40% aus kohlehydratreichen Sämereien wie z.B. Hafer oder Weizen besteht. Ob es sich bei den Sonnenblumenkernen um weiße, gestreifte oder schwarze handelt, hat auf den Nährwert keinen Einfluß, die Unterschiede beziehen sich einzig auf die Färbung der Schalen und auf den Einkaufspreis (weiße Sonnenblumenkerne sind am teuersten).

Schon bei der Zusammensetzung der Körnermischung wird man feststellen können, daß so ein Papagei einen

	Rohfett[1]	Rohprotein[2]	Kohlehydrate[3]	Asche[4]
Sonnenblumenkerne geschält	54 %	20 %	6 %	2,7%
Erdnüsse geschält	41 %	26 %	11 %	2,4%
Hanf	31 %	23 %	19 %	4,1%
Hafer	6,9%	14,5%	63 %	1,9%
Weizen	1,8%	11 %	73 %	1,7%
Mais	4,1%	9,5%	70 %	1,6%
Kürbiskerne	35 %	26 %	5,6%	3,7%
Glanz	5 %	15 %	53 %	4,1%
Hirse	4 %	12 %	60 %	3,5%
Rohreis	2,3%	8,5%	63 %	5,5%
Äpfel	0,3%	0,3%	13,5%	0,4%
Birnen	0,1%	0,2%	12,8%	0,4%
Bananen	0,6%	1,5%	29,6%	1,0%
Apfelsinen	0,2%	0,9%	10,5%	0,4%
Weintrauben	—	0,3%	9,4%	0,5%
Kirschen	0,1%	1,2%	11,2%	0,7%
Pflaumen	0,3%	1,4%	12,5%	0,6%
Mohrrüben	0,2%	1,2%	9,4%	1,0%

ganz individuellen Geschmack besitzt, der sich zudem von Tag zu Tag ändern kann — aber wir Menschen haben ja auch unsere Lieblingsspeisen, die wir gerne einmal abwechseln. Wer mag schon tagein, tagaus Schnitzel mit Pommes frites? Man hat auch festgestellt, daß bei der Haltung mehrerer Papageien Futterneid und Nachahmungstrieb die Freßlust ungemein steigern und das verschiedenartigste Futter aufgenommen wird.

Die Tabelle auf Seite 27 gibt Auskunft über die Anteile der Grundnährstoffe in verschiedenen Futtermitteln. Bei Sonnenblumenkernen und Erdnüssen gelten die angegebenen Werte für die Kerne ohne Schalen, da besonders bei Sonnenblumenkernen der Schalenanteil am Gesamtgewicht recht unterschiedlich sein kann. Verweigert ein Graupapagei die Annahme bestimmter Sämereien oder Früchte ganz, so kann man diese häufig durch andere aus der Tabelle mit vergleichbarem Nährwert ersetzen.

Für die anderen in der Tabelle aufgeführten Sämereien gilt folgendes: **Erdnüsse** sind sehr gehaltvoll und sollten nur ab und zu als Leckerbissen angeboten werden. **Hanf** sollte, wenn überhaupt, nur in ganz kleinen Mengen verfüttert werden. (Hanf, der in südlichen Ländern angebaut wird, enthält möglicherweise Giftstoffe [Ha-schisch], die auf die Dauer zu Schäden führen.) **Mais** ist — besonders in noch milchigem (halbreifem) Zustand — ein ausgezeichnetes Futter, das von fast allen Graupapageien gerne gefressen wird. Voll ausgereifte, harte Körner finden weniger Anklang. **Kürbiskerne** werden von manchen Papageien ebenfalls sehr gerne gefressen. **Hirse** kann dem Grundfutter beigemengt werden, gilt aber vor allem in Form von Kolbenhirse (Senegalhirse) als Leckerbissen. **Rohreis** wird in hartem Zustand kaum gefressen, um so mehr dafür aber in angekeimtem Zustand. Auch die anderen Sämereien können ab und zu einmal in angekeimtem Zustand verfüttert werden. Oft kann man dann feststellen, daß der Vogel jetzt auch Körner frißt, die er in trockenem, hartem Zustand links liegen ließ.

Ein besonderer Leckerbissen für Ihren Schützling sind **Nüsse** jeder Art sowie Süßmandeln. Bringen Sie von einem Spaziergang grüne Haselnüsse mit nach Hause, Ihr Graupapagei wird sie den ausgereiften sicher vorziehen. Als Spielzeug und Nahrungsmittel begehrt sind auch Föhren- oder Tannenzapfen, man kann sie so herrlich zerlegen und die darin enthaltenen Samenkörnchen auch noch fressen.

Zu einer vollwertigen Ernährung gehören als tägliche Beigabe Früchte und Grünfutter. Bieten Sie Ihrem Krumm-

schnabel immer wieder kleine Mengen von Obst, Gemüse und Keimfutter an, bis Sie seine Lieblingsspeisen und wechselnden Eßgewohnheiten kennen. An **Obst** kann man außer saftigen Äpfeln und Birnen auch Pfirsiche, Aprikosen und Weintrauben verfüttern. Alle Früchte müssen vor dem Verzehr gut gewaschen und, falls möglich, geschält werden. Die Fruchtkerne von Pfirsichen, Pflaumen und Kirschen sind wegen ihrer Inhaltsstoffe unbekömmlich und sollten vorher entfernt werden. Neben den in der Futtertabelle aufgeführten Früchten fressen Graupapageien auch gerne **Beeren** verschiedener Art. Geeignet sind: Erdbeeren, Johannisbeeren, Mehlbeeren, Heidelbeeren, Ebereschenbeeren und Himbeeren. Vergessen Sie aber beim Verfüttern besonders saftiger Stücke nicht, daß die Eßmanieren des Graupapageis aus dem Urwald stammen. Saftspritzer und ausgelutschte Beeren sowie Obstreste werden in kurzer Zeit angrenzende Wände, Teppiche usw. verziert haben. Bei einzeln im Käfig gehaltenen Graupapageien kommt es mitunter vor, daß sie einmal auf den Käfigboden gefallene Fruchtstückchen nicht mehr mögen. Um dies zu vermeiden, kann man Stücke von Äpfeln, Birnen usw. auf einen schräg nach oben gerichteten stumpfen Dorn aufspießen.

Beliebt sind frische **Zweige**, von denen der Vogel mit Begeisterung Knospen und Rinde abknabbert — weniger um diese zu fressen als aus Spaß, sein Nagebedürfnis zu befriedigen. Ein nicht zu verachtender Nebeneffekt: Der Kletterbaum wird länger geschont. Es ist natürlich selbstverständlich, keine Zweige von Giftsträuchern (Pfaffenhütchen, Schneeball, Goldregen usw.) oder von mit Pflanzenschutzmitteln behandelten Bäumen zu verwenden. Am besten geeignet sind Obstbäume, Pappeln und Salweide. **Wilde Pflanzen**, die als Grünfutter geeignet sind, sind neben der altbekannten Vogelmiere Löwenzahn, Klee, Luzerne und Wegerich. Auch Hagebutten werden sehr gern gefressen. Von dem im Garten kultivierten **Gemüse** kommen Salat, Melde und Spinat in Frage.

Zu einer gesunden und ausgewogenen Kost gehört auch eine gewisse Menge **tierisches Eiweiß**, z.B. ab und zu etwas hartgekochtes Ei, ein Hühnerknochen zum Benagen oder Futterpreßlinge, wie es sie für Hunde, aber auch speziell für Papageien gibt. Ihr Krummschnabel muß neben Futter und frischem Trinkwasser stets Zugang zu **Sand** und einem guten **Mineralfutter** haben. Sand und Gruskörner, die der Vogel zusammen mit der Nahrung aufnimmt, sind für die richtige

— Richtig füttern —

Funktion des Muskelmagens nötig. Ein gutes Mineralfuttergemisch für Vögel soll Kalzium und Phosphor im Verhältnis 2,7:1 enthalten. Ist im Zoohandel kein geeignetes Mineralfuttergemisch zu bekommen, wendet man sich an eine Futtermittelhandlung, die Futter für Federvieh und Tauben führt.

Oft wird von Papageienfreunden die Frage gestellt: Was darf ich meinem Jako vom eigenen Teller anbieten? Unter der Voraussetzung, daß man dabei nicht übertreibt, kann man einem gesunden Vogel fast alles anbieten. Grundsätzlich zu vermeiden sind stark gesalzene bzw. gewürzte Speisen! Vorsicht ist auch beim Verfüttern von **Käse** angebracht. Dieser wird meist gern, oft sogar gierig gefressen.

Aus bisher noch nicht vollständig geklärten Gründen kann es nach starkem Käsegenuß bei manchen Papageien zu einer Zusammenballung von ausgefälltem Kasein im Kropf kommen, was schwere Verdauungsstörungen zur Folge hat. Um hier vorzubeugen, sollte man keinem Jako mehr als einen Käsewürfel von einem Zentimeter Seitenlänge zwei- oder dreimal in der Woche geben. Selbstverständlich können und sollen diese Futterstoffe nur Beifutter sein.

Der beste Schutz vor eventuellen Mangelerscheinungen ist eine vielseitige und abwechslungsreiche Kost. So wertvoll Sonnenblumenkerne als Futter sind, so verwerflich ist eine einseitige Fütterung mit diesen. Vögeln, die einseitig an Sonnenblumenkerne gewöhnt sind, sollte man diese vorübergehend vollständig entziehen, falls sie die Aufnahme anderer Futterstoffe verweigern. Bei Einzelvögeln muß man jedoch oft lange herumprobieren, bis man herausgefunden hat, was seinem Vogel am besten schmeckt. Und es kann einem dabei ergehen wie einem jungen Tierarzt: Nach dem Motto »neue Besen kehren gut« pflegte der neue Zootierarzt neue Futtermittel zu erproben, während die alten Graupapageien ihm dabei nach allen Kräften entgegenarbeiteten. Die Anordnung war, daß alle Großpapageien

Hundetrockenfutter als Zusatzkost erhalten sollten. Standhaft verweigerten zwei alte Graupapageien das für sie unbekannte Futter, und sie blieben auch bei ihrer ablehnenden Auffassung, als man sie durch Hungern zum Fressen zwingen wollte. Als nun der Tierarzt wieder einmal fragte: »Haben sie die Pellets immer noch nicht gefressen?« mischte sich einer der Jakos mit den Worten »die kannst du selber fressen« ins Gespräch ein. Inwieweit der Tierpfleger, der möglicherweise keine besonders hohe Meinung von den Futterexperimenten hatte, dieser Antwort nachgeholfen hatte, blieb offen.

Was darf der Papagei trinken?

Sorgen Sie dafür, daß Ihr Grauer immer frisches, klares Trinkwasser zur Verfügung hat. Bei Verunreinigungen mit Essensresten, Kot usw. muß das Wasser mehrmals täglich erneuert werden, und das Trinkgefäß sollte immer sauber sein. Frisch importierte und noch nicht eingewöhnte Vögel dürfen zu Anfang nur abgekochtes Wasser zu trinken bekommen. Wenn der Grau-

papagei viel Grünfutter und Obst neben seinem Körnerfutter frißt, erhält er genügend Vitamine. Verweigert er das »Grünzeug« zum großen Teil, kann man ihm täglich einige Tropfen eines Vitaminpräparates für Großpapageien in den Trinknapf mischen.

Der Einkauf von Futtermitteln

Dabei ist folgendes zu beachten: Prüfen Sie alle stark fetthaltigen Sämereien wie Sonnenblumenkerne und Nüsse durch Zerkauen eines Kernes, ob sie ranzig sind. Wenn fertig gemischtes und verpacktes Futter bei zu hohen Temperaturen gelagert wurde, können sich darin Schädlinge wie Mehlmotten, Getreidekäfer usw. einnisten. Deshalb sollte man Futter nur offen bzw. in durchsichtigen Verpackungen kaufen. Am sichersten bezieht man hochwertige Sämereien über den Samenfachhandel und mischt das Futter selber. Futterpreßlinge sollten immer im Kühlschrank bzw. Kühlraum aufbewahrt werden.
Verdorbene Lebensmittel sind schädlich und gehören in den Mülleimer.

Eingewöhnung und Zähmung

Der Weg nach Hause

Am besten nehmen Sie Ihren neuerworbenen Schützling in dem ihm zugedachten Käfig mit nach Hause. Damit der Vogel nicht erschrickt und keiner Zugluft ausgesetzt wird, hüllt man den Käfig in eine Wolldecke. Eine andere Möglichkeit ist der Transport in einem nur einseitig vergitterten Käfig oder auch in einer kleinen Kiste. Dabei soll der Papagei selbständig aus einem Käfig in den andern klettern, oder man kann versuchen, ihn mit einer kräftigen Pappscheibe o.ä. abzudrängen.

Auf keinen Fall jedoch sollte man den Vogel mit der Hand ergreifen, sondern dies, falls es absolut notwendig ist, einer außenstehenden Person überlassen. Fast alle Graupapageien, selbst vollständig zahme Vögel, haben panische Angst vor Handschuhen. Sie haben beim Fang, Import, in der Quarantäne usw. zu oft schlechte Erfahrungen damit gemacht, was sie nie mehr vergessen. Andererseits kann man, wenn ein größerer Papagei ergriffen werden muß, auf kräftige Handschuhe nur selten verzichten. Sie sollten jedoch auf jeden Fall verhindern, daß der Vogel das für ihn äußerst unangenehme Ergriffenwerden mit Ihrer Person verbindet.

Aller Anfang ist schwer

Wappnen Sie sich mit Geduld, und kümmern Sie sich in den ersten Tagen nicht mehr als absolut notwendig um Ihren neuen Hausgenossen. Auf diese Weise hat er Zeit und Ruhe, sich an dem ihm zugedachten Platz zunächst einmal mit der unmittelbaren Umgebung vertraut zu machen. Das Füttern, Wasserwechsel und Futteraufnahmekontrolle sind für ihn aufregend genug — plötzliche Ereignisse bringen ihn völlig aus der Fassung.

Nach etwa einer Woche kann man damit beginnen, langsam und vorsichtig auf den Käfig zuzugehen. Bei diesen Annäherungsversuchen zeigt es sich schnell, wo bei einem bestimmten Einzelvogel die Angstgrenze liegt. Junge Vögel versuchen in dieser Situation, sich mit dem Kopf nach vorne in eine

Eingewöhnung

Käfigecke zu drängen, wobei sie oft kreischende Laute hören lassen. Ältere Vögel zeigen Fluchtreaktionen oder beugen sich rückwärts, um so dem zudringlichen Betrachter auszuweichen. Manche machen sogar verzweifelte Fluchtversuche oder deuten Schnabelhiebe in Richtung auf ihren Besitzer an, um sich ihrer Federn zu wehren. Wie schnell die Angst vor dem Menschen und das Mißtrauen abgebaut werden können, hängt von dem betreffenden Vogel ab. Es gibt Wildfänge, die sich ausnahmsweise schon nach wenigen Wochen mit der Hand berühren lassen, aber es kann auch Monate, ja selbst Jahre dauern, bis man so weit kommt. Zum Ziel führt hier nur Geduld.

Wenn Ihr Schützling sich an die neue Umgebung gewöhnt hat und auch nicht mehr in Panik gerät, wenn Sie an das Käfiggitter herantreten, versuchen Sie immer wieder, ihm mit der Hand durch die Gitterstäbe hindurch einen Leckerbissen anzubieten. Verlieren Sie dabei nicht die Geduld und reden Sie ihm gut zu. Hat er Ihnen erst einmal »aus der Hand gefressen«, so haben Sie fast schon gewonnen. Wenn er begriffen hat, daß ihm von Ihren Händen nichts Böses droht, läßt er sich nach einiger Zeit sicher durch das Käfiggitter hindurch Hinterkopf und Nacken kraulen. Vermeiden Sie jedoch die Berüh-

rung anderer Körperteile und direktes Anfassen oder gar Festhalten, da dies nur von vollständig gezähmten Vögeln toleriert wird.

Während seiner Eingewöhnung sollte der Vogel regelmäßig frische Zweige von Pappeln, Weiden, Espen, Linden, Holunder, Flieder oder Obstbäumen erhalten. Äste zum Knabbern sind für diese Betriebsnudel eine ausgezeichnete Beschäftigungstherapie. Auch wenn von der Rinde nicht viel gefressen wird, so erhält der Vogel mit den aufgenommenen Teilen doch wertvolle Minerale und Spurenelemente. Manche Graupapageien beschäftigen

33

Eingewöhnung

sich auch gerne mit Spielzeug. Als solches kann ein Stück grobe Kette, ein Hanfseil oder ein alter Ledergürtel dienen. Verwendet man ein Stück Hanfseil, so muß man beide Seilenden mit einer Schlauchklemme sichern. Erneuern Sie ein zerbissenes Seilstück möglichst umgehend, bevor sich Ihr Vogel darin verstricken kann.

Die Erfahrung hat gezeigt, daß lebhafte und aufmerksame Vögel, die auf Musik und Geräusche (z.B. Staubsauger) reagieren, oft die besten Sprecher werden. Vermeiden Sie jedoch am An-

fang dauernden Krach, Türenknallen und Unruhe. Reagiert Ihr Schützling mit lautem und durchdringendem Schreien, so kann man den Käfig zeitweilig mit einem dunklen Tuch überdecken. Auf manche Papageien kann man sogar mit Hilfe eines solchen dunklen Tuches erzieherisch einwirken und ihnen das Schreien bis zu einem gewissen Grade abgewöhnen. Sobald der Vogel zu lärmen beginnt, wird das Tuch über den Käfig gedeckt und erst nach ca. 30 Minuten wieder entfernt. Ob man mit dieser Methode Erfolg hat, hängt von dem betreffenden Graupapagei ab.

Ob man den Vogelkäfig über Nacht mit einem Tuch zudeckt, muß man von Fall zu Fall entscheiden. Einerseits verhindert das Gewebe bei längerem Zudecken die Luftzirkulation zwischen Käfig-und Zimmerluft, und der Vogel bekommt zu wenig Sauerstoff. Andererseits können Graupapageien im Dämmerlicht durch plötzlichen Lichteinfall, z.B. von Autoscheinwerfern, leicht erschrecken und sich durch zielloses Herumgeflatter verletzen. Graupapageien sehen im Halbdunkel ganz schlecht und können Hindernisse kaum erkennen. Es ist deshalb auf jeden Fall besser, den Käfig nachts zuzudecken, wenn an dem Schlafplatz des Papageis mit Störungen gerechnet wird.

Das Wohnzimmer erobern!

Wenn Ihr Graupapagei sich in seiner Drahtburg hinter Gittern sicher fühlt und auch sonst die Scheu vor der fremden Umgebung völlig verloren hat, darf er seinen Käfig verlassen. Öffnen Sie das Käfigtürchen und lassen Sie es offenstehen. Traut er sich auch nach einiger Zeit noch nicht über die Schwelle, versuchen Sie, ihm eine »Brücke« zu bauen. Ein langer Rundstab — z.B. ein Besenstiel —, den man durch das Ausstiegsloch legt, ermöglicht es ihm, den Käfig zu verlassen oder auf das Käfigdach zu klettern. Landet er bei seinem ersten Ausflug auf dem Boden, lassen Sie ihn ungestört herumlaufen, und bieten Sie ihm nach einiger Zeit den Käfig am Boden zum Hineinsteigen an.

Haben Sie den Verdacht, daß Ihr neuer Hausgenosse beim Aussteigen etwas mehr Temperament entwickelt, sorgen Sie auf jeden Fall dafür, daß er die Fensterscheiben des betreffenden Zimmers als Hindernisse erkennt. Meist genügt es schon, wenn man die Gardinen vorzieht oder einen Gegenstand, z.B. eine Pflanze, davorstellt.

Auf die Hand gehen

Da Ihr Graupapagei lernen soll, auf die Hand zu steigen und auf Arm und Schulter zu sitzen, versuchen Sie, ihm das auf folgende Weise schmackhaft zu machen: Setzen Sie den Vogel, dessen Flügel beschnitten sein müssen, zunächst einmal auf den Fußboden. Graupapageien fühlen sich auf dem Erdboden äußerst unsicher und benutzen die erste sich bietende Gelegenheit, einen höhergelegenen Punkt zu erklettern. Halten Sie dem Papagei das Ende eines etwa 1,5 m langen Rundstabes vor die Füße, damit er ihn besteigen kann. Sitzt der Vogel erst auf dem Stab, so hebt man ihn an. Hat man den Vogel daran gewöhnt, ohne Umstände auf den vorgehaltenen Stab zu klettern, so verkürzt man nach und nach den Abstand zwischen sich selbst und dem Graupapagei. Merkt der Vogel erst einmal, daß die ganze Sache nicht so gefährlich ist, ist der Weg vom Stab auf die Hand nur ein kleiner Schritt. Um den Vogel zu diesem kleinen Schritt zu veranlassen, zieht man mit der freien Hand den Stab langsam durch die haltende Hand, so daß das Stabende, auf dem der Vogel sitzt, immer kürzer wird. Nach einigen mißglückten Fluchtversuchen bleibt dem Vogel zum Schluß kein anderer Aus-

weg, als auf die Hand zu steigen. Wie bei allen Zähmungsversuchen steht auch hier der Erfolg im Verhältnis zu der Geduld und dem Einfühlungsvermögen, die der Pfleger aufbringt.

Zahmer Graupapagei entflogen . . .

Eine noch so große Zahmheit Ihres Hausgenossen ist keine Garantie dafür, daß der Vogel nicht bei einer passenden Gelegenheit entfliegt. Daher ist es von äußerster Wichtigkeit, bei allen frei gehaltenen Großpapageien den Zustand ihrer Schwungfedern laufend zu kontrollieren. Auch wenn es meist gelingt, entflogener Vögel wieder habhaft zu werden, so kann dies viel Geduld erfordern und eine Menge Aufregung mit sich bringen. Ganz abgesehen davon, daß der Ausreißer allen möglichen Gefahren ausgesetzt ist.

Pflege

Ein warmes Plätzchen?

Ein eingewöhnter Graupapagei ist trotz des warmen Klimas seiner Heimat keineswegs temperaturempfindlich und muß nicht besonders warm gehalten werden. Eine Zimmertemperatur von 18 — 20 °C reicht vollständig aus. Gut akklimatisierte Graupapageien, die in Freilandvolieren gehalten werden, können im Herbst sogar bis zum Eintritt der ersten Frostnächte

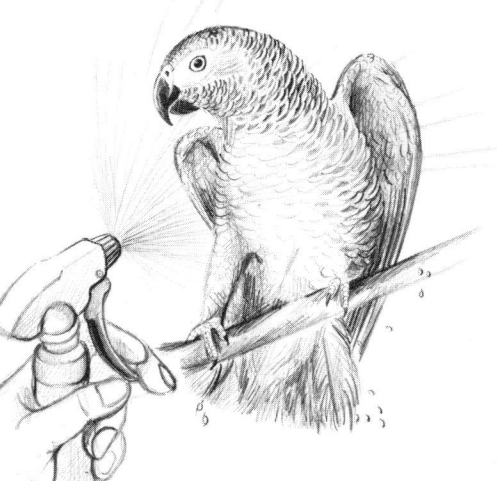

dort bleiben. Vorsicht beim Klimawechsel ist bei Frischfängen geboten, sie sollten äußerst sorgsam eingewöhnt werden. Außerdem sind alle Grauen äußerst empfindlich gegen Zugluft, was man bei der Aufstellung von Käfigen, Kletterbäumen und Zimmervolieren beachten sollte.

Das Federkleid

Normalerweise fetten Vögel ihr Gefieder mit Fett aus der Bürzeldrüse ein. Bei Papageien ist diese Drüse stark zurückgebildet. Sie verfügen über zahlreiche Puderdunen, die das Federkleid geschmeidig und wasserabweisend halten. Die Ablagerungen der Puderdunen werden als grauweißer Staub auf dem Gefieder sichtbar. Wenn sich der Vogel schüttelt, stiebt dieser Belag auf und überzieht die Umgebung mit feinem weißem Staub. In der Natur wird dieser Puder von Zeit zu Zeit durch Regenfälle abgewaschen. Ist Ihr Hausgenosse schon ganz zahm, wird er es genießen, wenn Sie ihn mit ins Badezimmer nehmen und mit der Handbrause abduschen. Ist Ihr Vogel noch ganz scheu, dürfen Sie ihn nicht

erschrecken. Füllen Sie Wasser in einen Zerstäuber, wie Sie ihn zur Pflege Ihrer Zimmerpflanzen verwenden, und sprühen Sie ihn damit vorsichtig an. Es wird sich dann gleich zeigen, ob er daran Gefallen findet oder nicht. Einige Graupapageien planschen auch direkt in seichtem Wasser, während andere wie die Hühner im Sande baden.

Am einfachsten lassen sich beim Flügelschneiden die äußersten Schwungfedern kürzen.

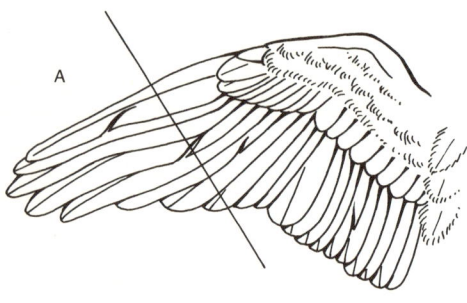

Hier wird ein Teil der Arm- und Handschwingfedern gekürzt.

Das Beschneiden der Flügel

Wenn der Vogel halbwegs mit seinem Pfleger und seiner Umgebung vertraut ist, darf er den Käfig verlassen. Da ein Papagei im Besitz seines vollen Flugvermögens in einer Wohnung viel Unfug anrichten kann, sollten ihm vorher die Flügel beschnitten werden. Eine Ausnahme bilden Vögel, die in Volieren gehalten werden, und selbstverständlich solche, die für Zuchtversuche verwendet werden.

Zwei Verfahren bieten sich an: Am einfachsten ist die Federkürzung entsprechend A (siehe Zeichnung). Etwas schwieriger ist es, die Federn entsprechend B (siehe Zeichnung) zu beschneiden, hier sieht man aber bei sitzenden Vögeln hinterher die Schnittstellen nicht. Beschnitten werden die Federn an beiden Schwingen — Vögel mit einseitig beschnittenen Schwingen können bei einem Flugversuch ihr Gleichgewicht nicht halten, überschlagen sich und stürzen zu Boden. Haben Sie Ihrem Graupapagei dagegen vorschriftsmäßig die Flügel gestutzt, landet er nach einem kurzen, schräg nach unten gerichteten Flattern einige Meter vom Ausgangspunkt entfernt am Boden. Da abgeschnittene Schwungfedern wieder nachwachsen, müssen die Schwingen zweimal im Jahr kontrolliert und nachgewachsene Federn erneut gekürzt werden.

Lassen Sie den Flügelschnitt von einer Person durchführen, die dem Vogel unbekannt ist. Der Graupapagei wird das für ihn unangenehme Erlebnis dann nicht mit den Menschen aus seiner Umgebung in Verbindung bringen. Nur bei ganz zahmen Vögeln sollte der Pfleger die Flügel selber stutzen. Während er mit dem Vogel spielt, kann er mit einer kurzen, kräftigen Schere die betreffenden Federn nach und nach abschneiden. Bei mangelnder Erfahrung sollte man sich an ein gutgeführtes Zoogeschäft oder einen sachkundigen Tierarzt wenden.

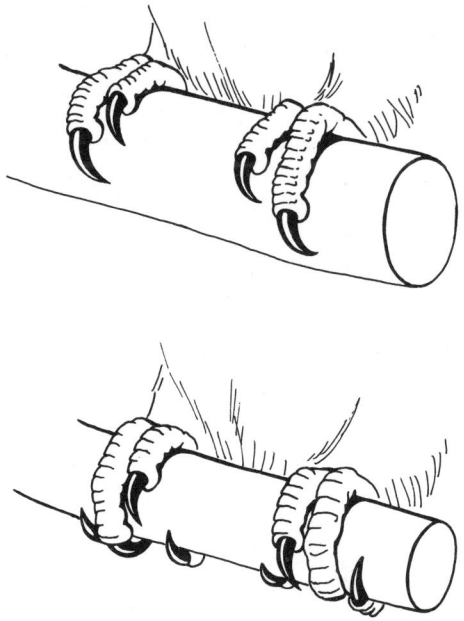

Die Sitzstangen für den Papagei müssen so dick sein, daß der Vogel die Stange mit dem Fuß nur zu etwa zwei Dritteln umspannt. Oben richtig, unten falsch.

Krallen- und Schnabelpflege

Wenn die Sitzstangen im Käfig und am Kletterbaum der Größe des Graupapageis angepaßt sind, so passiert es nur selten, daß dem Vogel die Krallen zu stark wachsen. Am besten sind Äste und Griffhölzer von unterschiedlicher Stärke, jedoch stets so grob, daß der Vogel sie mit seinem Fuß nicht ganz umspannen kann. Auch vierkantige, lediglich an den Ecken gerundete Griff-möglichkeiten haben sich gut bewährt. Bei genügend dicken Sitzgelegenheiten ruht die Krallenspitze stets auf Holz und nützt sich auf natürliche Weise ab. Ein ausgewogenes Verhältnis von Zuwachs und Abnutzung sowie die verschiedenen Stärken der Sitzstangen halten die Füße Ihres Papageis beweglich und gesund.

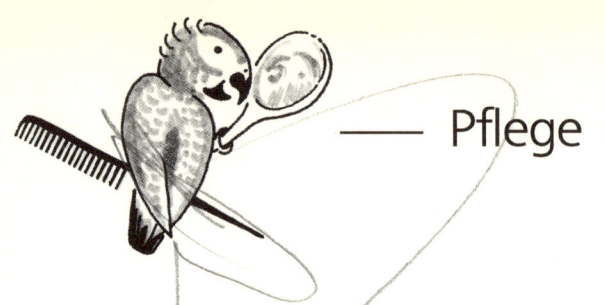

Müssen zu stark gewachsene Krallen gekürzt werden, so verwendet man eine Zange, wie sie zum Schneiden von Hundeklauen benutzt wird. Die Lage des in der Kralle befindlichen Blutgefäßes (Pulpa) geht aus nebenstehender Zeichnung hervor. Sollte es beim Krallenschneiden trotz aller Vorsicht zu einer Blutung kommen, so kann man diese leicht mit Eisenchloridwatte stillen.

Ein unnormaler Schnabelwuchs bzw. Schnabeldeformation sind bei Graupapageien ziemlich selten. Ist eine Kürzung des Schnabels oder eine anderweitige Schnabelbehandlung notwendig, so sollte man diese unbedingt einem Tierarzt mit Vogelerfahrung überlassen.

Die notwendige Hygiene

Achten Sie bei der Anschaffung darauf, daß Ihr Vogelbauer leicht zu reinigen ist. Bei kleineren Käfigen wird täglich die Bodenschublade herausgezogen, der Kot mit einer kleinen Schaufel entfernt und die betreffenden Stellen erneut mit Sand bestreut. Als Bodenbelag für Käfigschubladen verwendet man bei Papageien einen etwas gröberen Sand von 1 — 2 mm Korngröße. Je nach Verschmutzungsgrad unterzieht man den Käfig alle 2 — 3 Wochen einer gründlichen Reinigung. Dabei werden Bodenteil und Sitzstangen mit kochendheißem Wasser abgebrüht. Auch der Kletterbaum wird so behandelt, obwohl es oft einfacher ist, ihn auszuwechseln. Selbstverständlich müssen auch Eß- und Trinkschalen vor jeder neuen Mahlzeit mit klarem Wasser ausgespült werden.

Eine bessere Krallenabnutzung ergibt sich durch viereckige Sitzstangen, deren Kanten etwas abgerundet werden.

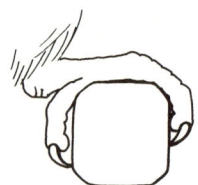

Schnittführung beim Kürzen der Krallen.

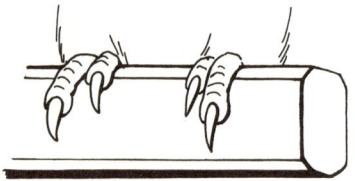

Lora !

Verhalten

Zähmung

Spricht man von zahmen Papageien, so muß man unterscheiden zwischen Wildfängen, die sich langsam über einen bestimmten Zeitraum an den Menschen gewöhnt haben, und handaufgezogenen Vögeln, deren Zahmheit die Folge einer Fehlprägung ist. Im zweiten Fall wurde der Jako früh aus der Nisthöhle genommen, und er betrachtet den Menschen jetzt als Artgenossen. Bei Graupapageien ist Zahmheit jedoch fast immer die Folge einer — oft planmäßig unterstützten — Gewöhnung des Wildfanges an den Menschen.

Bei Wildfängen werden die Jungvögel schneller zahm als die Alttiere, wobei Weibchen mißtrauischer und vorsichtiger sind als Männchen. Hat man zwei neuimportierte Frischfänge gekauft, dauert es länger, bis die Vögel zugänglich werden, als wenn man zu einem bereits zutraulichen Vogel einen Neuankömmling setzt.

Das Vertrauensverhältnis, das sich nach und nach bildet, bleibt meist auf eine bestimmte Person beschränkt, anderen Menschen gegenüber bleibt der Graupapagei reserviert. Da Graupapageien eine lebenslange Einehe eingehen, müssen Sie bei einem zahmen Exemplar damit rechnen, daß es Sie mit der Zeit als »Ehepartner« betrachtet und zum Beispiel versucht, Sie mit aus dem Kropf hochgewürgter Nahrung zu füttern. Daß dabei männliche Papageien Frauen und weibliche Papageien Männer bevorzugen, ist ein Ammenmärchen.

Alltägliches

Beobachten Sie Ihren Graupapagei einmal bei einem Nickerchen: Auf einem Bein sitzend, mit etwas gesträubtem Gefieder sieht er aus wie ein rundlicher, kuscheliger Federball. Nach seinem Schläfchen fühlt er sich frisch und unternehmungslustig. Er reckt sich, breitet die Schwanzfedern aus und streckt die Flügel und die Beine. Meist kommt er jetzt angewatschelt, will »Köpfchen kraulen« oder versucht auf andere Art und Weise, Aufmerksamkeit zu erregen. Bei seinem Marsch

Lora!

Verhalten

durchs Zimmer läuft er dabei ganz ungeniert »über den großen Onkel«. Hält er Ihnen jetzt das Köpfchen hin, so kraulen Sie ihn vorsichtig mit einem oder zwei Fingern im Nacken. Leben mehrere Vögel zusammen, so kraulen und putzen sie sich oft gegenseitig (soziale Gefiederpflege). Hat Ihr Graupapagei vom Streicheln und Spielen genug, lassen Sie ihm seinen Willen. Vielleicht möchte er sich jetzt ein bißchen aufplustern und vor sich hin dösen, oder der tägliche und ausgiebige Gefiederputz ist fällig. Dabei arbeitet er das Unter- und Kleingefieder mit dem Schnabel durch und verrenkt sich dann

mit drolligen Bewegungen, um die Schwung- und Schwanzfedern zu ordnen.

Wie es um die Eßmanieren Ihres Hausgenossen steht, erfahren Sie am besten, wenn Sie Ihrem Graupapagei ein größeres Futterstückchen reichen: Zuerst nimmt er den Leckerbissen in die Hand (Fuß), wobei Sie feststellen werden, ob er ein ausgeprägter »Rechts- oder Linkshänder« ist. In Schnabelhöhe wird das Angebot begutachtet und, ist die Gabe willkommen, mit dem Fressen begonnen. Man darf sich nicht wundern, wenn von einer angebotenen Weintraube nur die Körner oder aus einem Apfelstück die Kerne gefressen werden. Graupapageien sind »Verschwender«, für die Eßbares Genußmittel und Spielzeug zugleich ist. Das Zusammenspiel von Füßen und Schnabel fällt auch beim Klettern ins Auge. Hier wird der Schnabel zur Unterstützung der »Beinarbeit« als Hebe- und Zuginstrument eingesetzt. Eine merkwürdige Eigenheit ist das Klopfen. Dabei klopft der Vogel hart mit dem Schnabel gegen einen festen Gegenstand, z.B. die Sitzstange. Welche Bedeutung dieses Klopfen hat, ist nicht bekannt.

Graupapageien zeigen auch recht kindliche Verhaltensweisen. Wenn Sie etwas in den Händen halten, wird er es sofort auch haben wollen. Im Heim ei-

nes meiner Bekannten lebte ein Graupapagei, der nur wenige Worte beherrschte, aber äußerst spielerisch veranlagt war. Dieser Vogel konnte stundenlang mit Garnrollen, Tischtennisbällen, kleinen Blechbüchsen u.ä. spielen, indem er sie hin- und herrollte. Eine andere seiner Leidenschaften waren Spielkarten, eine Vorliebe, die ihm für jeden Mittwochabend »Käfigarrest« eintrug. An jedem Mittwochabend traf sich nämlich sein Besitzer mit einigen Freunden, um Bridge zu spielen. Anfänglich hatte er auf der Schulter sitzend das Spiel verfolgt und dabei auch ab und zu eines seiner wenigen Worte angebracht, die — nebenbei bemerkt — alle dem Kartenvokabular entstammten. Alles war also Friede und Freude, bis er einmal — zunächst wahrscheinlich aus Neugierde — eine Spielkarte vom Tisch holte und sie oben auf einen Schrank legte. Es wurde also ein Stuhl vor den Schrank gestellt und die Karte heruntergeholt. Aber nach diesem bescheidenen Anfang war das nicht mehr so leicht durchzuführen, denn Jako hatte gelernt. Streckte sich eine Hand nach der entführten Karte aus, so ergriff der Vogel die Karte erneut mit dem Schnabel und entführte sie an einen anderen Platz. Die Kartenjagd ging unter großem Hallo weiter. So nebenbei wurden die betreffenden Karten auch

noch »gezinkt«, und das brachte alles in allem dem Graupapagei für jeden Mittwochabend »Käfigarrest« ein.

Sprechende Graupapageien

Die meisten Menschen, die sich einen einzelnen Graupapagei als Haustier anschaffen, hoffen, daß der erworbe-

ne Vogel ein guter Sprecher wird. Um Enttäuschungen vorzubeugen, sei darauf verwiesen, daß durchaus nicht alle Graupapageien begabte Nachahmer sind. Die meisten lernen zwar einige Worte sprechen und geben diese auch erstaunlich tonrichtig wieder, aber sie kommen über einen kleinen Wortschatz nie hinaus. Andere machen Geräusche ihrer Umgebung nach, geben Tierstimmen wieder oder pfeifen Melodien, sagen aber nie ein menschliches Wort. Manche aber entwickeln sich zu wirklichen Sprachgenies, die spielend einige hundert Wörter anwenden und oft ganze Sätze herausbringen. Solche Vögel lassen es meist nicht beim Sprechen bewenden, sondern ahmen alles erdenkliche nach, was ihnen an Geräuschen zu Ohren kommt, wie z.B. Telefonklingeln, bellende Hunde, quietschende Türen usw. Eine mir bekannte Besitzerin eines Graupapageis berichtete, daß bei ihr in der Küche einige Tage lang ein Wasserhahn tropfte, wobei die fallenden Tropfen ein typisches Geräusch verursachten. Nach ein paar Tagen kam der Hausmeister und reparierte den Schaden. Damit war das Tropfen abgestellt, nicht aber das dazugehörige Geräusch. Die betreffende Dame versicherte mir, daß seitdem in ihrer Wohnung immer wieder einmal ein Wasserhahn tropfe.

Bei einem jungen »Grauen« ist die Chance, daß er gut sprechen lernt, am größten. Aber auch drei- bis fünfjährige, ja selbst noch erheblich ältere Vögel redeten später wie ein Buch.
Ein Graupapagei muß nicht unbedingt zahm sein, um gut sprechen zu lernen. Zwar sind die allermeisten gutsprechenden Grauen handzahme Vögel, aber es gibt auch Tiere, die hervorragend nachahmen und zeitlebens reserviert bleiben.
Was das »Schwätzen« betrifft, sind die Weibchen gleichberechtigt, da die Anlage für Sprachnachahmung nicht geschlechtsgebunden ist. Mir sind mehrere Fälle bekannt, in denen sich ein gutsprechendes »Männchen«, das schon jahrelang zur Familie gehörte, plötzlich als Weibchen entpuppte. Sei es, daß es Eier legte oder daß es sich sogar erfolgreich verpaarte und Junge aufzog.
Mitunter wird behauptet, daß der Timneh-Papagei weniger sprachbegabt sei als ein normaler Grauer. Irgendwelche Beweise hierfür gibt es jedoch nicht, und ich selbst kenne einige munter schwätzende Timneh-Graupapageien.
Hat Ihr Papagei längere Zeit — z.B. in Quarantäne oder im Zoogeschäft — in Hörweite anderer Vögel gesessen, kann es vorkommen, daß er deren arttypische Laute nachplappert. Ebenso

wird er jetzt bei Ihnen zu Hause die menschliche Stimme nachahmen. Dabei wird er sich nicht mit den menschlichen Worten im allgemeinen begnügen, er imitiert vielmehr die Stimme einer bestimmten Person. Welche Person bzw. wessen Stimme der Vogel sich aussucht, hat nichts damit zu tun, ob er ihr Sympathie oder Antipathie entgegenbringt. Möglicherweise werden die »Kraftausdrücke« des Hausherrn — den der Vogel absolut nicht ausstehen kann — zuerst nachgeäfft. Der zukünftige »Sprechkünstler« beginnt zunächst mit krächzenden Lauten im Rhythmus von Silben. Erst nach und nach kristallisieren sich daraus der richtige Tonfall und die fehlerfreie Artikulierung heraus. Es gibt aber auch Spontansprecher, die, nachdem man ihnen wochenlang etwas Bestimmtes vorgesprochen hatte, ohne daß sie irgendeinen Versuch des Nachahmens gemacht hätten, plötzlich die Worte rein und klar wiedergeben. Wenn einmal der Anfang gemacht ist, lernt ein talentierter Vogel in einer gesprächigen Umgebung auch ohne Vorsprechen. In diesem Fall ist sogar bei der Wortwahl etwas Vorsicht angebracht, denn gutsprechende Papageien sagen viel über den Umgangston in ihrer Familie aus.

Der Umstand, daß ein sprechender Papagei das Geschehen um ihn herum oft treffend kommentiert, hat schon zu vielen Mißdeutungen Anlaß gegeben. Es sieht zwar so aus, als ob der Vogel wüßte, was er sagt, in Wirklichkeit folgt jedoch sein Kommentar immer auf ein bestimmtes Wort, Geräusch oder Geschehen. Ein einfaches Beispiel ist der Papagei, der beim Klingeln des Telefons »hallo« sagt. Er hat gelernt, daß auf das Schrillen der Glocke das Wort »hallo« zu folgen hat. Die Telefonklingel ist der »Auslöser« für das Wort hallo. Der Vogel antwortet mit seinem Kommentar auf eine Lautäußerung, auf einen »akustischen Auslöser«.

Ein einfaches Beispiel für einen »sichtbaren Auslöser« ist, wenn Ihr Papagei »gute Nacht, gute Nacht« sagt, sowie er das schwarze Tuch erblickt, mit dem jeden Abend sein Käfig abgedeckt wird. Er hat ja schon viele Male vorher bei dieser Gelegenheit gehört, daß man »gute Nacht, gute Nacht« dabei sagte. Es stört ihn dabei nicht im geringsten, daß es hellichter Tag ist, denn für ihn gehören schwarzes Tuch und gute Nacht ebenso zusammen wie die vorher erwähnte Telefonklingel und das Wort hallo.

In höchster Vollendung kann man mitunter ein solches Frage- und Antwortspiel bei mit Graupapageien auftretenden Varietékünstlern erleben. Man muß sich darüber im klaren sein, daß

Verhalten

selbst bei einem ungewöhnlich sprachbegabten Jako innerhalb der eigenen vier Wände kaum ein ähnlich gutes Resultat zu erzielen ist. Das vom Papagei und seinem Vorführer in der Vorstellung Dargebotene ist nicht nur Resultat einer langen, systematischen Ausbildung, bei der eine vom Halter gestellte Frage jeweils als Auslöser für eine bestimmte Antwort eingeübt wird. Ein solches Training setzt voraus, daß während der Einlernzeit alle anderen Geräusche ferngehalten werden. Zu Hause gehaltene Vögel, wie gute Sprecher sie auch sein mögen, werden zwischen dem Eingelernten immer wieder aufgeschnappte Brocken aus ihrer Umgebung hören lassen. In der Familie des Verfassers lebte viele Jahre ein sehr gut sprechender Graupapagei, der, falls für ihn nichts Passendes passierte, selber den Anlaß für einen treffenden Kommentar lieferte. Bellte der im Haus lebende Dackel, weil jemand an der Tür klingelte, so sagte der Vogel oft mit Frauchens Stimme »sei still und geh in die Küche«. Der normalerweise typische Ablauf war also: Die Klingel schellt — der Dackel bellt — Frauchen weist den Dackel zurecht. Wenn es aber tagsüber sehr lange ruhig war, niemand an der Tür klingelte und kein Dackel bellte, wurde es Jako doch zu langweilig. Dann machte er kurzum alles selber nach. Das heißt, zuerst klingelte es — dann hörte man den Dackel bellen — und anschließend hörte man Frauchens Stimme »sei still und geh in die Küche«.

Viele Male hatte ich diesem Vogel vorgesagt »dem lieben Jako das Köpfchen kraulen«. Nach einigen Wochen war es soweit, daß er diese Worte nachsprach. Hörte ich jetzt »dem lieben Jako das Köpfchen kraulen«, so streichelte ich ihm das Köpfchen, was er sehr schätzte. Einige Zeit später hatte er gelernt, den Kopf einladend nach vorne zu beugen, und erst dann sagte er »dem lieben Jako das Köpfchen kraulen«. Er konnte also die nachfolgende Handlung voraussehen, was immerhin eine gewisse Kombinationsgabe erfordert. Daß dieser Vogel viele Dinge, die im Hause vor sich gingen, einschließlich der dazugehörigen Geräusche, durchexerzierte, sei noch an folgenden Beispielen gezeigt. Griff man nach der Wasserkanne, um die Zimmerpflanzen zu gießen, so hörte man schon das Wasser gluckern, bevor man die Kanne nur anfaßte. Zog man den Mantel an, ertönte ein »auf Wiedersehen«. Die Stimme aller vier Familienmitglieder machte er täuschend ähnlich nach, was Anlaß zu so manchem Mißverständnis gab. So konnte man zum Beispiel hören: »Warum antwortest du nicht, wenn ich rufe?« . . . »Ach, entschuldige bitte, ich glaubte,

es war der Jako.« Oder auch umgekehrt: »Was ist los?« . . . »Nein, ich habe nicht gerufen, das war der Jako.« Wenn er seine ganz ruhigen Musestunden hatte, philosophierte er still vor sich hin. Auf diese Weise konnte man die Nachahmung ganzer Telefongespräche verfolgen, wobei Wortfolgen mit Räuspern und Pausen so wiederholt wurden, wie der Vogel sie erfaßt hatte. Besonders Telefonate, die häufiger in ähnlicher Form wiederholt wurden, hatten es ihm angetan, zum Beispiel die Bestellung von Waren beim Lebensmittelhändler: »Hm, hm . . . noch zwei Kilo Weizenmehl . . . und eine Packung Streichhölzer . . . hm, hm . . . das wäre alles . . . ja, bitte noch 400 Gramm Gehacktes . . . ja, danke, das ist alles.«

Anschließend hörte man noch exakt das Geräusch, das entsteht, wenn der Telefonhörer aufgelegt wird. Nicht immer wurde dabei rein durchgesprochen, sondern dazwischen unverständlich gemurmelt oder auch gepfiffen.

Bei einem verhältnismäßig alten Graupapagei in Frankreich diente eine fremde Mundart — die deutsche Sprache — als Auslöser. Unterhielten sich in dem Bistro, in dem er lebte, deutsche Gäste, schien er sich an längst vergessene Dinge zu erinnern. Dann kommandierte er in fehlerfreiem schnarrendem Kasernenhofdeutsch eine Wache: »Achtung, präsentiert das Gewehr, die Augen links . . .« usw. Nach den Angaben des Wirtes brachte sein Vater diesen Vogel 1919 als Kriegsbeute aus Kamerun mit nach Hause. Dort hatte er den Graupapagei 1916 auf einem verlassenen Posten der kaiserlichen Schutztruppe angetroffen und mitgenommen. Schmunzelnd erzählte er weiter: »Ich höre immer sofort, wenn deutsche Gäste im Lokal sind, denn sobald der Vogel deutsche Worte hört, fängt er zu kommandieren an.« Obwohl dieser Papagei eine Menge französischer Floskeln gelernt hatte, funktionierte sein Langzeitgedächtnis immer noch ausgezeichnet auf den dazugehörenden Auslöser.

Daß Graupapageien einmal Gelerntes kaum vergessen und zu erstaunlichen Gedächtnisleistungen fähig sind, erlebte ich bei einem »alten Herrn«, der als ein Erbstück vom Großvater schon in der dritten Generation in besagter Familie lebte. Mit dem Großvater, der Kapitän eines finnischen Barkschiffes gewesen war, war er auf große Fahrt gegangen und hatte die Weltmeere besegelt. Er beherrschte alle alten Schiffs- und Segelkommandos, und hörte er Wasser rauschen — wozu ein voll aufgedrehter Wasserhahn reichte —, so rief er »alle Mann an die Pumpen«. Im Gegensatz zu dem vorher erwähnten

Verhalten

Papagei hatte er nach Angaben der Familie seit mindestens 25 Jahren nichts mehr dazugelernt. Übrigens speiste dieser Graupapageien-Methusalem — er muß mindestens 80 Jahre alt gewesen sein — immer mit bei Tisch, was ihm augenscheinlich gut bekommen ist.

Mit den Sprachleistungen von Graupapageien ließe sich Seite über Seite füllen, doch mögen hier diese Beispiele genügen. Die Frage, die sich jeder angehende Graupapageienhalter stellt, lautet wahrscheinlich: »Was kann ich selber dazu beitragen, um meinen Vogel zum Sprechen zu erziehen?« Jede Lautäußerung beginnt mit Nachahmung, das heißt, der Papagei muß zunächst einmal das hören, was er sagen soll. Sprechen Sie ihm die gewünschten Worte langsam und gut artikuliert vor. Viele neuimportierte Vögel zeigen anfänglich keinerlei Reaktion auf das Gesagte und machen wochen-, ja selbst monatelang keinerlei Versuche, Sie nachzuahmen. Wappnen Sie sich in diesem Falle mit viel Geduld und geben Sie nicht auf. Bei einem Neuankömmling, der von Anfang an pfeift, schreit und mehr oder weniger artikulierte Laute hören läßt, ist es möglich, daß er ganz plötzlich ein sauber ausgesprochenes Wort herausbringt.

Mit einem gewöhnlichen Kassettenrecorder läßt sich das Sprechenlernen vereinfachen. Man nimmt die gewünschten Worte auf Band auf, kontrolliert, ob keine Nebengeräusche zu hören sind, und spielt dann die Aufnahme einige Male am Tage ab. Hat der Vogel sein erstes Wort nachgesagt, wird er bald neue dazulernen. Ist Ihr Graupapagei besonders sprachbegabt, so ist es sowieso nicht möglich, ihm etwas Bestimmtes beizubringen, da er spontan von allem, was er in seiner Umgebung hört, etwas nachplappert. Es kann dann passieren, daß der »Spaßvogel« alles mögliche von sich gibt, nur das nicht, was Sie von ihm hören wollen. Dabei kommen jedoch oft die drolligsten Sachen heraus.

Manche Graupapageien pfeifen ausgezeichnet und lernen häufig schnell kurze Melodien. Sie können ihm so ein »Pfeifkonzert« ebenfalls mit dem Kassettenrecorder vorspielen. Achten Sie jedoch darauf, daß Ihr Papagei möglichst nicht allzu oft grelle Töne zu hören bekommt. Es könnte passieren, daß er diese bevorzugt nachmacht, was bei der Lautstärke, derer Papageien mächtig sind, sogar Klagen der Nachbarn einbringen kann.

Abschließend sei zum Thema des Sprechenlernens festgehalten, daß man seine Bedeutung nicht überschätzen sollte. Begabte Graupapageien lernen von ganz alleine, wenn sie sich in einer Umgebung befinden, die ihnen genügend Anregung bietet.

Vermehrung

Die Geschlechtsbestimmung

Jeder Vogelliebhaber, der mehrere Graupapageien hält, sollte auch Nachzuchten versuchen. Er leistet damit einen wichtigen Beitrag zur Erhaltung und Vermehrung dieser Papageienart, die in ihren Ursprungsländern immer mehr dezimiert wird. Eine Aufzucht dieser Vögel ist durchaus möglich, wie die ermutigenden Resultate solcher Zuchtversuche aus vielen europäischen Ländern während der letzten Jahre zeigen.

Unterschiedliche Kopfform beim Graupapageienweibchen (links) und beim Graupapageienmännchen (rechts).

Voraussetzung für einen Zuchtversuch ist, daß man einen weiblichen und einen männlichen Vogel besitzt. Leider ist eine sichere Geschlechtsbestimmung bei Graupapageien nicht immer einfach. Hat man die Möglichkeit, aus einer größeren Anzahl von Vögeln ein Paar herauszusuchen, ist es meist nicht schwer, ein typisches Weibchen und ein typisches Männchen zu finden. Beim Männchen ist die Kopfform etwas gröber und die Schnabelwurzel etwas breiter als beim Weibchen. Zusätzlich verläuft beim Männchen die Linie längs des Oberschnabels und der Stirn fast gerade, während beim Weibchen die Stirn deutlicher abgesetzt ist. Verhaltensmerkmale erlauben keine sichere Unterscheidung. Daß zwei Vögel

sich gut vertragen, sich für einen Nist-kasten interessieren und sich gegensei-tig putzen und füttern, ist keine Garan-tie dafür, daß es sich um ein Pärchen handelt.

Gleichgeschlechtliche Verbindungen, insbesondere zwischen zwei Weib-chen, sind bei Papageien, die in Gefan-genschaft leben und keine farblichen Geschlechtsmerkmale haben, keines-wegs selten.

Während der letzten Jahre sind ver-schiedene wissenschaftlich unterbaute Methoden zur Unterscheidung von Großpapageien angewendet worden:

a) Laparoskopie. Bei diesem Ver-fahren können die Geschlechtsorgane des Vogels direkt untersucht werden. Dem vorher narkotisierten Graupapa-gei wird eine ca. 1,5 mm starke Sonde von der linken Seite — wo sich beim Weibchen der Eierstock befindet — in den Körper eingeführt, die eine Be-trachtung der Geschlechtsorgane er-laubt. Mit dieser Untersuchung kann bei einem geschlechtsreifen Vogel si-cher festgestellt werden, ob es ein Weibchen oder ein Männchen ist. Die Untersuchung kann jedoch nur von ei-nem Tierarzt ausgeführt werden, der über die notwendige Ausrüstung und Spezialkenntnisse verfügt.

b) Hormontest. Eine zweite Metho-de bedient sich der Analyse von Ge-schlechtshormonen im Kot oder der Feststellung geschlechtsgebundener Enzyme im Blut. Über die Zuverlässig-keit dieser Untersuchung ist bisher nur wenig bekanntgeworden.

c) Chromosomenbestimmung. Hierbei werden Zellproben nach ent-sprechender Vorbehandlung so einge-färbt, daß die Chromosomen im Zell-kern sichtbar werden. Unter dem Mi-kroskop werden die Geschlechtschro-mosomen bestimmt. Als Ausgangsma-terial für die Zellprobe genügen klein-ste Mengen lebenden Körpergewe-bes, zum Beispiel ein noch im Wachs-tum begriffener Federkiel (Federspule), der sich noch nicht geöffnet haben darf. Dieses Verfahren hat gegenüber anderen Methoden den Vorteil, daß es vollständig unabhängig vom Alter der betreffenden Vögel — das heißt auch bei noch nicht geschlechtsreifen Exem-plaren — angewandt werden kann.

Dem züchtenden Vogelliebhaber ist ei-ne Geschlechtsbestimmung seiner Vö-gel immer anzuraten, auch wenn eine solche Untersuchung mit Unkosten verbunden ist. Sonst muß er eventuell nach Jahren mißglückter Zuchtexperi-mente feststellen, daß er versucht hat, ein gleichgeschlechtliches Paar zur Fortpflanzung zu bringen.

Zuchtversuche in Freilandvolieren kön-nen nur während der warmen Jahres-zeit erfolgen. Im Hause können Grau-papageien jedoch unabhängig von der

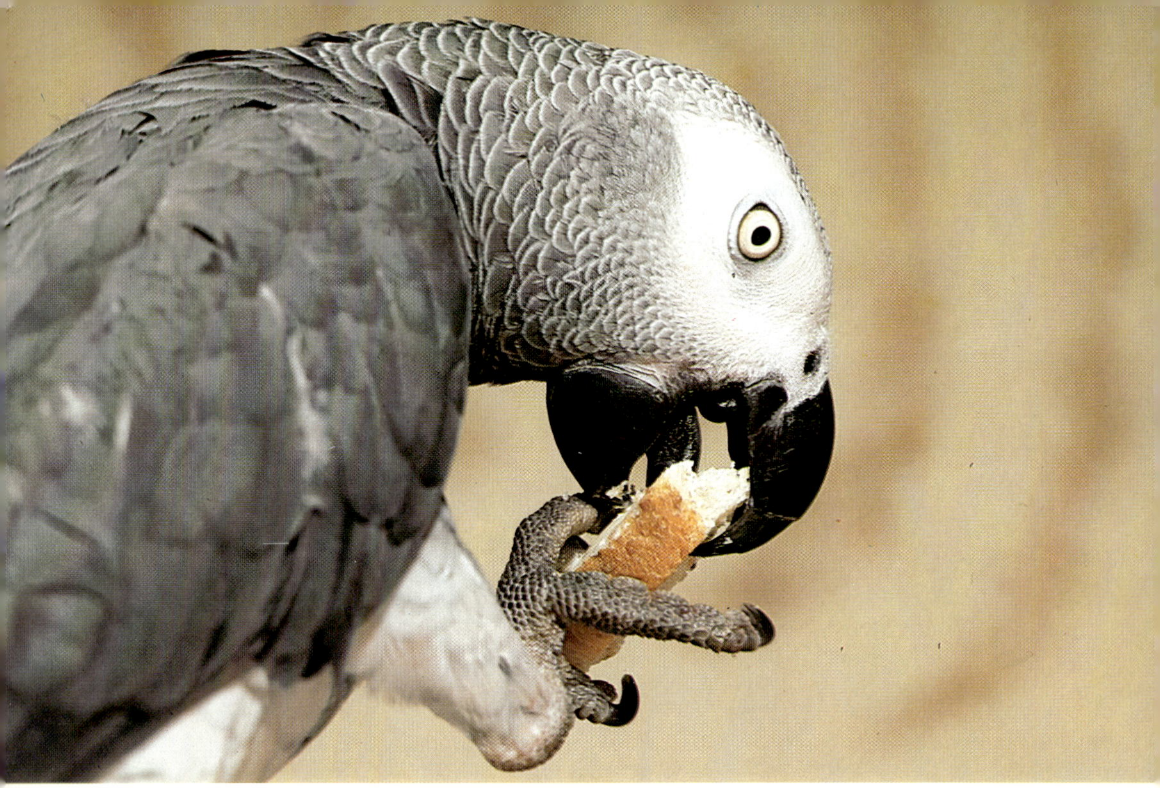

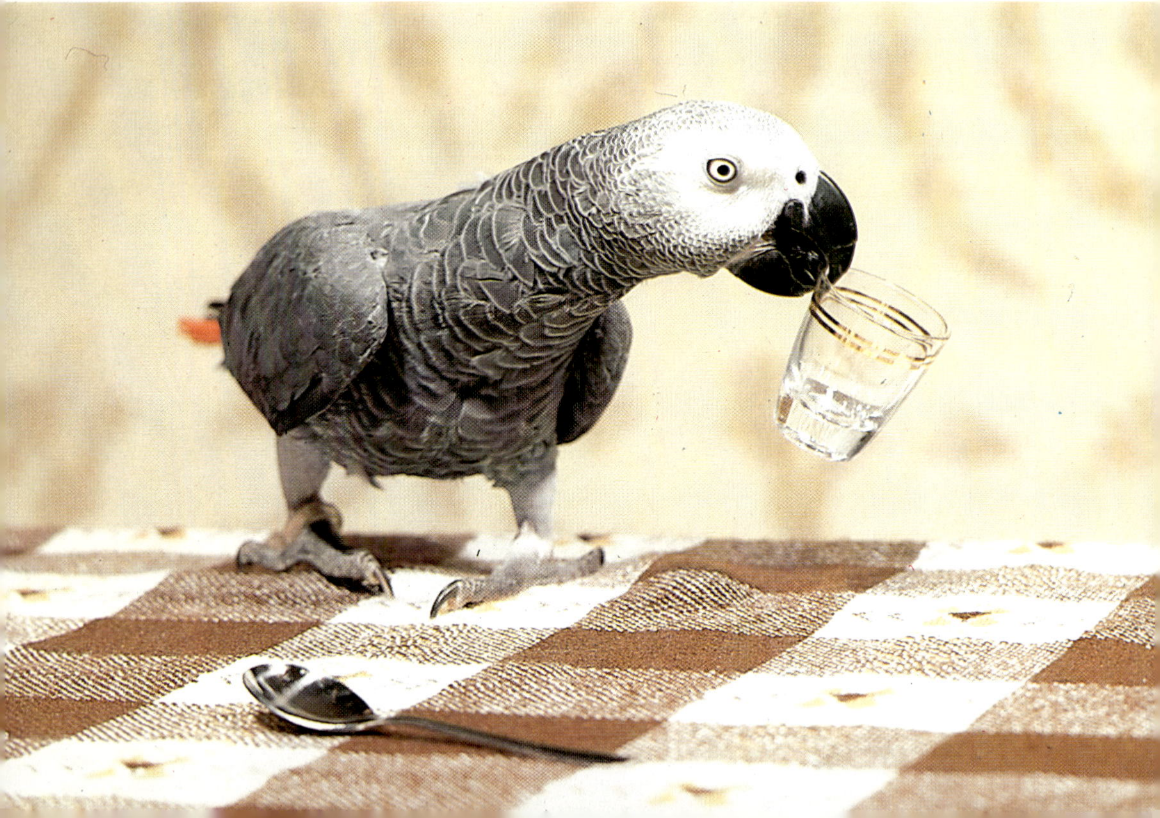

Jahreszeit brüten, wenn für die Dauer der Wintermonate die Anzahl der täglichen Lichtstunden auf 12 — 14 erhöht wird.

Sicher fortpflanzungsfähig sind die Vögel im Alter zwischen 5 — 30 Jahren. Quantitative Hormonbestimmungen haben ergeben, daß die Geschlechtsreife bei Graupapageien gegen Ende des dritten Lebensjahres eintritt. Bei allen bisher beobachteten Nachzuchten haben Paare gebrütet, die fünf Jahre oder älter waren, zum Teil sogar wesentlich älter.

Graupapageien, mit denen Zuchtversuche beabsichtigt sind, sollte man nicht zähmen, sondern sie nur so weit an Menschen gewöhnen, daß sie diese als einen normalen Bestandteil ihrer Umgebung betrachten. Es ist zwar schon vorgekommen, daß handzahme Graupapageien mit Erfolg gebrütet und Jungvögel aufgezogen haben, doch haben Zuchtversuche mit reservierten Vögeln weit mehr Aussicht auf Erfolg.

Die Kinderstube

Die beste Unterbringung für das Zuchtpaar ist eine Freilandvoliere, doch haben Graupapageien auch schon in gro-

Nistkästen zum Selberbauen.

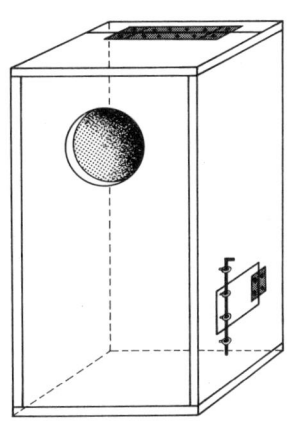
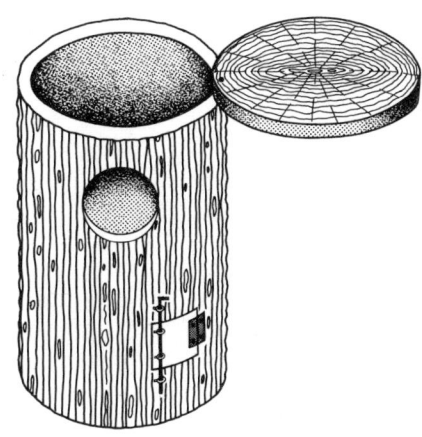

ßen Drahtkäfigen gebrütet. Wichtig in diesem Zusammenhang ist, ob die Vögel vertraut oder scheu sind, wobei letztere kaum in einem Käfig brüten dürften, der in einem Wohnraum steht. Da Graupapageien Höhlenbrüter sind, benötigen sie einen geeigneten Nistkasten. Als Material verwenden wir 2 cm dicke, ungehobelte Bretter. Nachfolgend sind die gebräuchlichsten Maße einer Nisthöhle angegeben:
Grundfläche (Innenmaß) 25 × 25 cm;
Höhe 40 cm;
Schlupfloch 10 — 12 cm im Durchmesser.
Das Schlupfloch bringt man im oberen Drittel der Vorderseite an und versieht es mit einer Anflugstange.
Hervorragend als Nistkästen geeignet sind Stücke hohler Baumstämme, zum Beispiel von Pappeln, Weiden, Linden u.ä. Ist das Innere halb vermodert, höhlen die Papageien den Rest des Niststammes mit dem Schnabel aus. Ist eine solche Naturstamm-Nisthöhle nicht zu bekommen, bauen wir den Nistkasten aus älteren, abgelagerten Brettern, da Kästen aus frischem Holz oft überhaupt nicht beachtet werden. Torf, Erde oder Sägemehl dienen als Nistunterlage im Brutkasten. Wenn genügend Platz vorhanden ist, kann man dem Zuchtpaar auch zwei unterschiedliche Brutgelegenheiten zur Wahl anbieten.

Fütterung

Bei Zuchtversuchen brauchen die Vögel ein ausgewogenes Nahrungsangebot mit einem erhöhten Anteil an tierischem Eiweiß (Hunde- oder Papageienpellets). Angekeimte Sonnenblumen-, Hafer-, Weizen- und Maiskörner sowie Keimfutter aus Erbsen und Linsen müssen jetzt oft auf dem Speiseplan stehen. Hierbei ist auf eine einwandfreie hygienische Beschaffenheit des Keimfutters zu achten, und es soll nur so viel gefüttert werden, wie die Vögel in 3 — 4 Stunden fressen. Um den erhöhten Kalk- und Mineralbedarf des Zuchtpaares zu decken, bietet man eine Futterkalkmischung für Geflügel an.

Balz- und Brutverhalten

Die Balzgebärden sind bei Graupapageien wenig ausgeprägt und individuell verschieden. Balzende Vögel laufen häufig mit herabhängenden Flügeln auf den Sitzstangen hin und her und halten dabei mitunter inne, um sich am Kopf zu kratzen. Bei brutgeneigten

Paaren füttert das Männchen häufig seine Partnerin, es »übt« sozusagen für später, wenn es das brütende Weibchen und die Jungvögel mit Nahrung versorgen muß.

Im Abstand jeweils von 2 — 4 Tagen legt das Weibchen 2 — 5 Eier. Meist brütet das Weibchen vom ersten Ei an, und die Jungvögel schlüpfen mit entsprechenden Pausen. Man sollte die Vögel jetzt möglichst in Ruhe lassen, da selbst handzahme Graupapageien im Verlauf ihres Brutgeschäftes ihrer Vertrauensperson gegenüber aggressiv auftreten. Während der 29 — 31 Tage dauernden Brutzeit liegen die Weibchen sehr fest auf den Eiern und verlieren häufig einen Teil ihres Bauchgefieders. In dieser Zeit wird das Weibchen vom Männchen aus dem Kropf gefüttert.

Wochen sind Kopf und Schwingen befedert, und die ersten roten Schwanzfedern zeigen sich. Die Nestlingszeit dauert ca. drei Monate, bis der erste Jungvogel nach dem Schlüpfen die Bruthöhle verläßt. Während der ganzen Zeit werden die jungen Graupapageien von ihren Eltern gefüttert. Anfangs umfaßt das Weibchen mit seinem Schnabel den noch geraden Schnabel des Jungvogels und dreht ihn so herum, daß sein Kopf in die für die Fütterung günstigste Lage kommt. Einige Tage später kann das Vögelchen seinen Kopf schon ohne Hilfe heben. 8 — 10 Tage nach dem Schlupf des ersten jungen Graupapageien fängt auch das Männchen an, die wie kleine Katzen maunzenden Jungvögel mit Futter aus dem Kropf zu versorgen.

In den letzten Wochen vor dem Ausfliegen schlafen die Weibchen nicht mehr im Nistkasten. Die flüggen Vo-

Der Nachwuchs

Die frisch geschlüpften Jungvögel sind fast nackt und haben nur einzelne haarförmige Daunen. Schon nach zwei Wochen ist der Neuankömmling gut mit Daunen bekleidet, und gegen Ende der vierten Lebenswoche beginnen die ersten Federn zu sprießen. Nach 6 — 7

gelkinder werden auch weiterhin von ihren Eltern gefüttert und lernen langsam von den Alttieren, wie man Körner und andere Nahrung frißt. Wirklich selbständig werden sie jedoch erst im sechsten Lebensmonat.

Künstliche Aufzucht

Bei Graupapageien stellt die künstliche Aufzucht den allerletzten Ausweg dar, wenn keine andere Möglichkeit besteht, den Jungvogel am Leben zu erhalten. Ist dies aufgrund eines Un-glücksfalles oder aus Mangel an elterlicher Fürsorge nicht zu umgehen, füttert man mit einem Brei aus aufgeweichtem Zwieback, Kindermehl und hartgekochtem, zerriebenem Eigelb. Der Brei enthält einen Zusatz eines für Kleintiere bestimmten Multivitaminpräparates und wird mit vorne trichterartig erweiterten Pipetten oder Injektionsspritzen (ohne Kanüle) direkt in den Schnabel gegeben. Größere Vogelkinder kann man auch mit einem Löffelchen aus Plastik oder Horn füttern. Die Gefahr, daß man dem Jungvogel zu große Mengen verabreicht, ist größer als die, daß er verhungert. Es erfordert viel Geduld, einen kleinen Graupapagei an diese für ihn unnatürliche Futteraufnahme zu gewöhnen und ihn aufzuziehen.

Allgemeine Gesundheitsfürsorge und Erkrankungen

Gut eingewöhnte Graupapageien sind bei richtiger Pflege keine empfindlichen Vögel und erkranken nur selten. Neuanschaffungen, besonders frisch importierte Tiere, sind anfällig für Erkältungskrankheiten wie Schnupfen und Luftwegsinfektionen, und eine ordnungsgemäß durchlaufene Quarantänezeit kann nicht als eine »Gesundheitsgarantie« angesehen werden.

Auf den folgenden Seiten sind die häufigsten Krankheiten oder Wehwehchen beschrieben. Macht Ihr Vogel einen apathischen oder ernsthaft kranken Eindruck — typische Kennzeichen sind Durchfall, Atembeschwerden, Appetitlosigkeit, ein stumpfes Federkleid oder entzündete Augen —, sollten Sie unbedingt einen vogelerfahrenen Tierarzt hinzuziehen.

Erkältungskrankheiten

Zwar kann auch der gesündeste Papagei einmal niesen, aber anhaltender Schnupfen ist immer bedenklich. Zeigen sich bei einem neuerworbenen Tier Erkältungssymptome, so setzt man den Patienten erst einmal ins Warme. Wärme ist bei allen erkrankten tropischen Vögeln eine »bewährte Hausmedizin«. Hängen Sie eine Wärmelampe so über dem Käfig auf, daß der Vogel jederzeit den Strahlungsbereich verlassen kann. Die Temperatur darf ruhig 35 — 40 °C betragen. Durch Schleimabfluß verkrustete Nasenlöcher pinselt man mit einer schwachen Kochsalzlösung (5%) aus. Wenn sichtbare Atembeschwerden auftreten, ist unbedingt ein vogelkundiger Tierarzt zu Rate zu ziehen.

Entzündung der Augen oder Tränendrüsen

Augenentzündungen sind an verklebten Augenlidern und Schorfbelag zu erkennen und werden meist durch bakterielle Infektion ausgelöst. Ein Mangel an Vitamin A kann diese Entzündungen begünstigen. Behandelt wird mit Antibiotika-Augensalbe (z.B. Aureomycin-Augensalbe). Eine aus

Entzündungsrückständen bestehende Anschwellung über dem Auge kann nach abgeklungener Entzündung vom Tierarzt mittels eines kleinen operativen Eingriffs entfernt werden. Eine Augenentzündung kann auch durch eine Ornithoseinfektion bedingt sein.

Durchfall

Durch Kostwechsel und Streß verursachte Durchfälle lassen sich meist durch Verfüttern von gekochtem Reis beheben. Der Papagei sollte dabei neben dem Reis und frischem Trinkwasser nichts anderes zum Fressen bekommen.

Mauser

Eine Mauser in dem Sinne, daß das gesamte Federkleid auf einmal erneuert wird, gibt es bei Graupapageien nicht. Die Federn erneuern sich laufend, wobei mitunter Reste abgeschnittener Schwungfedern nicht abgestoßen werden und neue Federn an den betreffenden Stellen nicht nachwachsen können. In diesem Fall läßt man die alten Federkiele von einem Tierarzt entfernen.

Federrupfen bzw. Federfressen

Diese besonders bei einzeln gehaltenen Graupapageien auftretende Störung hat hauptsächlich seelische Ursachen. Anfänglich rupft sich der betroffene Vogel meist an der Brust die Federn aus. Im weiteren Verlauf werden auch Federn an anderen Körperteilen ausgerissen, so daß der Vogel bis auf Kopf und Schwingen nackt ist. Hier kann eine Veränderung der ganzen Lebenssituation, wie eine neue Umgebung, Beschäftigung oder die Gesellschaft von Artgenossen, helfen.

Dem Verfasser wurde 1959 ein Graupapagei vorgestellt, der nur noch am Kopf und an den Schwingen Federn hatte. Ausgelöst wurde die Federrupferei durch die neubegonnene Berufstätigkeit seiner Bezugsperson. Man beschnitt ihm die Schwungfedern und brachte den Patienten in einer neuen Umgebung unter. Begünstigt durch einen warmen Sommer konnte der Vogel monatelang im Freien leben, besaß Ablenkung durch wildlebende Vögel und war vollständig beschäftigt. Im Herbst waren alle Federn wieder gewachsen. Der Eigentümer kaufte nun einen zweiten Graupapageien hinzu, und bis heute (1983) hat dieser Vogel keine Federn mehr gerupft. Während der ganzen Zeit wurde keine Umstellung der Ernährung vorgenommen, ein

Beweis dafür, daß Federrupfen nicht auf nahrungsphysiologische Ursachen zurückzuführen ist.

Kropfverstopfung

Verdorbenes oder vergiftetes Futter (z.B. ranzige Sonnenblumenkerne) verursachen bei dem erkrankten Tier eine unnormale Kropfanschwellung. Behandelt wird mit gekochtem Reis, dem etwas Zitronensaft zugesetzt wird. Bevor der Graupapagei diese Nahrung erhält, läßt man ihn 24 Stunden hungern. Falls keine Besserung eintritt, muß man den Tierarzt zu Rate ziehen, da Kropfverstopfungen im Notfall operativ behandelt werden müssen. Um chronischen Entzündungszuständen vorzubeugen, werden vom behandelnden Arzt nach einer Operation Antibiotika und Cortison eingesetzt.

Ornithose-Infektion

Diese Erkrankung, auch als Psittacose (Papageienkrankheit) bezeichnet, ist zwar bei Graupapageien selten, kann aber selbst nach ordnungsgemäß durchgeführter Quarantäne nie mit 100%iger Sicherheit ausgeschlossen werden. Die Krankheit befällt durchaus nicht nur Papageien, sondern auch viele andere Vogelarten. Bei Freilandhaltung ist eine Infektionsübertragung durch Wildvögel (z.B. Sperlinge und Tauben) möglich. Da auch Menschen an Ornithose erkranken können, sollte jeder Vogelhalter über den Verlauf informiert sein: Den Erreger rechnet man heute unter dem Namen Chlamydia ornithosis zu den Bakterien, in der älteren Literatur wird die Ornithose noch zu den Viruserkrankungen gezählt. Von leichten Erkältungserscheinungen bis zu schweren Entzündungen von Atmungs- und Verdauungsorganen können alle Symptome vorkommen. Augenentzündungen sind nicht selten. Der Erreger wird mit dem Kot ausgeschieden und nach dessen Eintrocknen mit dem Staub weiterübertragen. Auch Tröpfcheninfektionen im Zusammenhang mit Niesen sind möglich. Erkrankte Vögel leiden an Atembeschwerden, anhaltendem Schnupfen und Schüttelfrost, häufig verbunden mit einem schleimigen, gelbgrünlichen Durchfall. Bei richtiger Behandlung können heute fast alle befallenen Tiere mit Breitbandantibiotika gerettet werden. Da eine sichere Diagnose eine serologische Untersuchung erfordert, erfolgt die Behandlung der meldepflichtigen Erkrankung durch einen Tierarzt. Jede

Anwendung der verschriebenen Antibiotika (Aureomycin, Tetracyclin, Chloramphenicol usw.) darf nur in der von ihm verordneten Weise und Dosierung erfolgen. Da die erkrankten Vögel nur wenig fressen, ist das während der Quarantäne zur Vorbeugung angewendete Psittacin in Pelletsform nur begrenzt anwendbar.

Beim Menschen äußert sich eine Ornithoseinfektion meist in grippeähnlicher Form und kann bis zu schweren Krankheitserscheinungen wie Lungenentzündung und Lungensackentzündung führen. Personen, die regelmäßig mit Vögeln in Kontakt kommen, sollten bei allen Luftwegserkrankungen den behandelnden Arzt immer auf die Möglichkeit einer Ornithoseinfektion aufmerksam machen.

Salmonellainfektionen und Coliinfektionen

In beiden Fällen handelt es sich um bakterielle Ansteckungskrankheiten, die bei im Freiland gehaltenen Vögeln auftreten. Salmonellaerreger werden durch den Kot von Mäusen und Ratten und erkrankten Wildvögeln übertragen. Im Gegensatz dazu lebt der Erreger der Coliinfektionen — Escherichia coli — normalerweise im Darm von Vögeln und wird nur unter bestimmten Bedingungen — z.B. Streß — zum Krankheitsauslöser. Die Folge sind Durchfälle, gesträubtes Gefieder und herabgesetzte Nahrungsaufnahme. Eine Diagnose ist nur durch bakterielle Untersuchung von Kotproben möglich. Die Behandlung erfolgt mit Tetracyclinen oder Chloramphenicol nach Verordnung des Tierarztes.

Aspergillose

Verdacht auf Aspergillose besteht immer dann, wenn bei Luftwegsinfektionen Antibiotikakuren erfolglos bleiben. Es ist eine gefährliche Erkrankung, die durch Schimmelpilze der Gattung Aspergillus verursacht wird. Bei geeigneter Luftfeuchtigkeit und Temperatur kommt dieser Pilz besonders in den Spätsommermonaten vor. Vorwiegend bereits geschwächte Papageien und Jungtiere können sich durch eingeatmete Pilzsporen infizieren, die sich dann in den Luftwegen festsetzen und dort zu wachsen beginnen. Die Folge sind Atembeschwerden, die sich bei schweren Fällen in einem rhythmischen Öffnen und Schließen des Schnabels äußern. Bis vor kurzem stand man dieser tückischen Krankheit machtlos gegenüber. Inzwischen sind mehrfach

Heilerfolge durch ein aus der Humanmedizin stammendes Miconazolpräparat (Daktarin®, Tagesdosis 10 mg pro kg Körpergewicht) gemeldet worden. Eine weitere Pilzerkrankung ist der

Soor

Pilzkrankheit, die durch eine Infektion mit dem Hefepilz *Candida albicans* verursacht wird. Dieser Organismus kann zum Beispiel in schlechtem bzw. verdorbenem Futter vorkommen. Candidainfektionen lösen häufig Kropfentzündungen aus. Die Behandlung erfolgt mit Mycostatin oder Moronal je nach Verordnung des Tierarztes.

Parasitenbefall

Milben und Federlinge (Mallophagen) schädigen die Haut und das Federkleid. Man bekämpft sie am sichersten mit einem reinen Pyrethrumpräparat. Pyrethrum ist ein gegen Parasiten hochwirksamer Giftstoff, der aus Pflanzen isoliert wird und für warmblütige Tiere ungefährlich ist. Beim Einstäuben ist darauf zu achten, daß die Augen und Nasenlöcher vor dem Puder geschützt sind.

Krätzemilben

Diese mikroskopisch kleinen Milben greifen die hornbekleideten Teile der Füße an. Bei Graupapageien sind sie ausgesprochen selten. Der Befall zeigt sich in Juckreiz, der Vogel kratzt und scheuert sich. Eine sichere Diagnose ist nur durch mikroskopische Untersuchung von Haut- und Hornproben möglich. Behandelt wird mit Pervalen® oder mit einer 0,15%igen wäßrigen Lösung von Neuguvon®.

Wurmbefall

Bei Neuimporten und bei im Freiland gehaltenen Vögeln können Haarwürmer (Capillarien), Spulwürmer (Ascariden) auftreten. Diese Parasiten sind alle vogelspezifisch und nicht auf den Menschen übertragbar. Wurmbefall kann sich durch Darmentzündung und Durchfall äußern, der Vogel kann aber auch bei völlig gesundem Aussehen mit Würmern infiziert sein. Oft wird der Wurmbefall erst augenfällig, wenn das Tier bereits durch andere Streßfaktoren oder Krankheiten geschwächt ist. Bei einem Verdacht auf Wurmbefall werden Kotproben an ein parasitologisches Laboratorium eingesandt (die Anschrift kann bei jedem Tierarzt er-

fragt werden). Nur wenn ein positives Resultat der Proben vorliegt, wird eine Wurmkur nach Verordnung vorgenommen. Eine peinlich genaue Desinfektion von Käfig und Kletterbaum ist dann besonders wichtig. Bei Volierenvögeln muß zur Vermeidung erneuter Ansteckung das infizierte Erdreich mindestens 15 cm tief abgegraben und erneuert werden.

Vergiftungen

Hier ist die Maßnahme »Vorbeugen statt Heilen« besonders wichtig, da sich Vergiftungen häufig kaum behandeln lassen. Jede Art von Putzmitteln, Lösungsmitteln von Malerarbeiten und Insektengiften sind gefährlich. Am häufigsten schädigen sich Papageien jedoch durch das Anknabbern giftiger Zimmerpflanzen: Porzellanblume *(Hoya carnosa)*, Oleander *(Nerium oleander)*, Brechnußbaum *(Strychnos nux-vomica)*, Immergrün *(Vinca minor)* und alle Arten der Gattung *Dieffenbachia* sollten nicht in Reichweite des Papageienschnabels zu finden sein!

Brüche und Verletzungen

Die Behandlung von Knochenbrüchen und größeren Wunden sollte man dem Tierarzt überlassen. Kleinere Wunden macht man mit einer Wunddesinfektionslösung keimfrei und stäubt Antibiotikapuder ein.

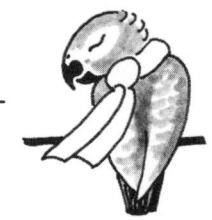

Die Verabreichung von Medikamenten

Stellen Sie vor dem Anruf oder Besuch beim Tierarzt das Gewicht Ihres Graupapageis fest. Der Arzt kann dann die Dosis des benötigten Arzneimittels anhand des Gewichtes des Patienten berechnen. »Bittere Pillen« verpackt man in einer kleinen Menge eines Leckerbissens, so daß alles gefressen wird. Müssen Medikamente eingegeben werden, soll der Vogel in seiner natürlichen Sitzstellung gehalten und nicht auf den Rücken gewendet werden. Auch das Verpacken in einem erbsengroßen Stück Butter, das in der Mundhöhle schnell flüssig und vom Vogel hinuntergeschluckt wird, kann hilfreich sein. Mischt man Medikamente ins Trinkwasser, soll der Graupapagei nur trokkenes Futter erhalten. Flüssige Präparate werden tropfenweise direkt in den Schnabel verabreicht. Außerdem können Arzneien vom Tierarzt injiziert oder mittels einer Sonde direkt in den Kropf überführt werden.

Gefahren im Haushalt

Gefahrenquelle	Folgen
Allgemeine Gefahren	
offene Fenster	Entfliegen
Zugluft, übermäßige Hitze, Kälte, Temperaturschwankungen	Erkälten
Fensterscheiben	Dagegenfliegen
offene Türen	Einklemmen, Entfliegen
Wohnbereich	
offene Schubladen, offene Schränke	versehentliches Eingeschlossenwerden, Ersticken
Öfen	Verbrennungen
Kerzenlicht	Verbrennungen
elektrische Kabel	Stromschlag durch Benagen
Vasen, Schirmständer, große Gefäße	Hineinrutschen, Ersticken
Gardinen, Wandbehänge	Verheddern, Erhängen
Handarbeitskorb, Wolle, Garn	Erhängen, Verheddern
Nägel, Drähte, spitze Gegenstände	Verletzungsgefahr
Zu weiter Abstand der Käfiggitterstangen	Einklemmen, Erdrosseln

Gefahren

Zu dünne Sitzstangen	keine Krallenabnutzung
verrauchte Räume	Vergiftungsgefahr durch Nikotin
Giftige Zimmerpflanzen oder mit Pflanzenschutzmitteln behandelte Zimmerpflanzen	Vergiftung durch Anknabbern
Hasen, Hamster, Meerschweinchen, Katze	keine Gefahr nach Eingewöhnung Katzen nie unbeaufsichtigt mit dem Vogel alleinlassen!
Aquarium, Terrarium	gut abgedeckt halten, Gefahr durch Ertrinken

Küche

heiße Herdplatte, offene Flamme, heiße Flüssigkeiten	Verbrennungen, Verbrühen, Ertrinken
elektrische Geräte	Verletzungsgefahr, Stromschlag
heiße Dämpfe	Verbrühungsgefahr

Bad

offenes WC	Abgleiten, Ertrinken
Waschbecken, Badewanne	Ertrinken
Putzmittel	Vergiftungsgefahr, Verätzung

Gifte

Pflanzenschutz- und Düngemittel, WC-Reiniger, Spül- und Desinfektionsmittel, Seife, Kosmetika, Rost, Grünspan, Alkohol, Arzneimittel, Klebstoffe, Kerzen usw.	Vergiftungsgefahr

AF ENEHJELM, C.: Papageien. Haltung, Zucht, Arten. Kosmos-Verlag Stuttgart 1982.

ASCHENBORN, C.: Die Papageien. Philler Verlag Minden 1978.

DEIMER, P.: Papageien. Alles über Anschaffung, Eingewöhnung, Ernährung, Krankheiten. Verlag Gräfe und Unzer GmbH München 1979.

DELPHY, K.-H.: Großsittiche und Papageien. Philler Verlag Minden 1978.

GRAHL, W. DE: Der Graupapagei. Pflege, Zucht und Zähmung. Ulmer Verlag Stuttgart 1982.

PINTER, H.: Handbuch der Papageienkunde. Die Arten, Haltung in Käfig und Voliere, Pflege und Zucht. Kosmos-Verlag Stuttgart 1982.

RAETHEL, H.-S.: Krankheiten der Vögel. Kosmos-Verlag Stuttgart 1980.

Bildnachweis

Seite 17: Aufnahme Norberg/Hannson
Seite 18 oben: Aufnahme Norberg/Hannson
Seite 18 unten: Aufnahme Norberg/Hannson
Seite 35: Aufnahme A. Jesse
Seite 36 oben: Aufnahme B. Kahl
Seite 36 unten: Timneh-Graupapagei, Aufnahme Brosset
Seite 37: Aufnahme B. Kahl
Seite 38: Aufnahme A. Jesse
Seite 55: Aufnahme H. Reinhard
Seite 56 oben: Aufnahme H. Reinhard
Seite 56 unten: Aufnahme H. Reinhard

Register

Register